おトクに楽しむ
豪華客船の旅

クルーズ、ハマりました！

くぼ こまき

くぼ こまきです。
趣味はクルーズ旅行とビュッフェめぐり。
こんにちはー。
家族は夫と娘の「パルリ」です。
淡々とした性格
変わりものの小学生
前作『クルーズはじめました！』を出版してから、各地でクルーズの魅力を講演したりテレビに出たりしていたおかげで…
クルーズはじめました！
クルーズの魅力！
クルーズ特集
くぼこまき氏
雑誌でインタビューを受けた時、
くぼさんって、旅行が本当にお好きなんですね！
いえ。とくに
えっ
旅行大好き人間だと思われていますが
ほんとに興味なかったのです。
なんせ私は35歳になるまで海外に行ったのはたったの2回。
しかも1回めは会社の研修旅行なので実質1回！
研修旅行も自腹ですのよ…
2回目の旅行は26歳。新婚旅行でした。
アメリカ!! 行ってみたい!!
せっかくお休み取るから、いろんなところを回って目一杯楽しみたい！
USA!
アメリカに行って東から西に横断すれば観光名所多いしね
アメリカ
ラスベガスとオーランドなどをめぐりアメリカを満喫するツアーでしたが…

アメリカ大陸って思ってたよりずっと広くて…。
ある日は
バス移動
ゆれる…
おっと
うおっ
ガタ
ガタ
AMERICA NO BUS
ゆれる〜〜〜
シュー
限界
またある日は
飛行機移動
日程中の多くの時間を移動に費やし…体力が日々失われていきました。
ピューーーッ
体力ゲージ
100
50
10
0
タラララララララ〜♪
そしてホテルに到着してスーツケースを開けても
まだ開けただけなのに
早くも中身が爆発。
…
どうせ明日にはまた移動するんだから必要な物だけ取り出そう…
必要な物だけ出すなんて芸当は私にできるわけもなく
結果、散乱。
あれ、どこ入れたっけ?
早く集合場所に行かなくてはっ!
足でふみこむ!
翌朝はとりあえず、荷物を詰め込み…
えいっ
イテテ
全荷物を持って集合場所に疾走。
うおおっ!!
ガラ
ガラ
こんなことの繰りかえしで観光よりも移動で疲労困憊してしまいました。
シュ〜
もうムリ…

それ以降、国内旅行にも行かなくなってしまいました。
体を休ませるためにゴロゴロしよーっと
言いわけ
ゴロ
ゴロ
家でごろつきながらテレビをつけたら船旅の番組が。
ボーーッ
船旅ねぇ…
ピッ
へー
セレブの世界を覗き見する程度の気持ちで毎週見るように。
ま、一生行くことないけどね
ないない
あの映画のポーズ
こんなことするんでしょ?
でも、毎週テレビを見ているうちにわたしのイメージするセレブが見当たらないことに気づきました。
FUFUFU
イメージ
POOL!
実際の乗客
HAHAHA
I ♥ CRUISE
乗客はカジュアル。子どもも多い。
乗客インタビューでは一様にこんな感想を述べるのです。
クルーズ旅行は最高さ!食事・サービスともにパーフェクトだよ!
外国人らしいストレートさ
HAHA
気になってパンフをもらってきました。
思ってたのと違うのかな…
クルーズ パンフレット
え?移動だけじゃなくて3回の食事に、ビュッフェにショーまでも無料なの?
例えばこのコースも1泊辺りにすると1万円代だよ?
食事もイベントも基本タダだし、施設も使えて優雅に過ごせるんだから、普通の旅行より安いよ!?
それな!
そんなパーフェクトな旅が意外とリーズナブルなら…と思い切って行ってみることに。
シンガポール発着 スーパースター・ヴァーゴ

実際に行ってみると、思っていたクルーズのイメージと違っていて
こういう人しかいないイメージ
とても気軽な雰囲気！海外でクルーズは単なる旅のツールでした。
ワイ ワイ
キャッキャ
乗船して客室に入ると収納がいっぱい！
テキパキ
あっと言う間にスーツケースが空になり、過ごしやすい！
カラッポ！
遊んだり、食事したり、寝ている間が移動時間！
部屋ごと移動する快感！
キミも以前は大変だったねぇ～
すまんかったのぉ～
あ、ハイ…
スーツケースは乗船後下船するまでしまっておけます。
船内ではきらびやかさを満喫し
キラキラ空間
寄港地では移動の疲労もなく元気いっぱいに観光！
船に戻ればクルーの温かいもてなし。
オカエリナサイ！
じ～ん
理想の旅の姿を見つけた私はこのあとクルーズにハマってしまいます
…というわけで、この本では私の感じるクルーズ旅行の魅力をたっぷりとお伝えします！
どうぞご覧ください!!

さあ、魅力いっぱいの
船旅に
出かけましょう！

カップルも！
子連れも！
3世代も！

もくじ

夢の世界へ、
ようこそ

楽々だけど、
楽しみ方は
千差万別～♪

楽しみがいっぱいで、
遊び尽くせない〜！

初心者も！
リピーターも！

＜本書をお読みいただくにあたって＞

本書は、著者の乗船体験を元にクルーズ船での旅の魅力を紹介したクルーズ体験記です。実際に体験した当時の内容で記載しているため、著者の旅の時期によって、船や航路、各船でのサービス、為替、各種税率、現地情報などが変更になっている場合があります。体験記内や欄外情報にて、一部最新情報もご紹介しておりますが、クルーズ旅行のご計画やご乗船の際には、必ずご自身で最新情報をご確認ください。

日本発着も！
フライ&
クルーズも！

盛りすぎ
バルーン王冠
ママー!!
みてみてー!!
カッコイイでしょー!!
終日航海日の
クルーとバルーン
アーティストによる
変身イベントで
自らオーダーして
世にも珍しい姿に
変身したパルりさん…

Cruise 1

楽々!
クリスマスと
年越しは
上げ膳据え膳で

コスタ ネオロマンチカ

Costa neo Romantica

イタリアの船会社コスタクルーズのなかでは小さめの船ですが
コスタ ネオロマンチカ
に乗船！
結構大きいよね?!
コスタクルーズの客船のなかでネオシリーズはワンランク上！
客室・施設もリニューアルされた上質で過ごしやすい空間を堪能できます。
今回の航路！
東京発着 年末年始クルーズ!!
緯度が変わるので、旅行中に気温の変化がありそうなコース。事前に航路を確認して持ち物を検討することが大事です。
寒そう…
四日市
神戸
東京
奄美大島
那覇
基隆
石垣島
台湾
このエリアの洋服はどうする？
こっちは
あたたかそう…
半袖や薄手のパーカーがあるといいかな…
水着も着られるかも…
12月24日から1月2日までの9泊10日クルーズに喜びが抑えられない理由は…
そりゃもう…
イヒヒ
もうでかけるよー
クリスマス・年越し・正月を上げ膳据え膳で過ごせるなんて夢のよう…！
家事休むぞ…
イエーイ
そんなよこしまな想いと共にコスタ ネオロマンチカに乗船！
たのしむぞー!!
やった！

クルーの笑顔で船旅がスタート!
Welcome aboard!
(ご乗船ありがとうございます)
中に入るとー
乗船してすぐに見えるのがホテルのロビーにあたるメインホールです
わあっ! 大きなクリスマスツリーー!
早速の非日常を実感です。
まずは部屋探し。
どれだ~
長い廊下の中からようやく自分の部屋を探し出し…
ギィ
あらっ?
10日間を過ごすお部屋は窓付きのお部屋
わ~! 意外と広々してる!
バスルームもすごく綺麗。
改装して日が浅いので新築感があります。
クローゼットはハンガーと引き出しもあり収納力抜群!
あっという間にスーツケースが空っぽ。これが快感です…。
ふー

使用済みのタオルをタオルラックにかけておくと「未使用」とみなされ、新しいものに替えてもらえません。使用済みのものは床に置いておきましょう。

鏡台の上には電気ポット。お部屋で温かいお茶を飲むことができます。
紅茶のティーパックもありました
TEA
TEA
TEA
お部屋は収納がいっぱいなので旅の間はずっとキレイです。
自宅より片付くわ〜
のんびりと過ごしていると…
サイレンが鳴りました。
ポーポーポーポポポー
あ、避難訓練の時間だー!
救命胴衣を着て集合場所に向かいます。
何故かロボットみたいになる…
カク カク
クルーズ旅では、有事の際に素早く行動できるよう、乗船後24時間以内に避難訓練に参加する義務があります。
避難訓練後はいよいよ出航です!デッキではすでに大勢の人が。
東京港では出航セレモニーが開かれ、楽団やお見送りの方々が来ていました。
ブンチャ ブンチャ
わー
わあーっ!
わー

クローゼットの中やベッドの下のスペースを使って、モノを表に出さないようにすると、スッキリと過ごせます!

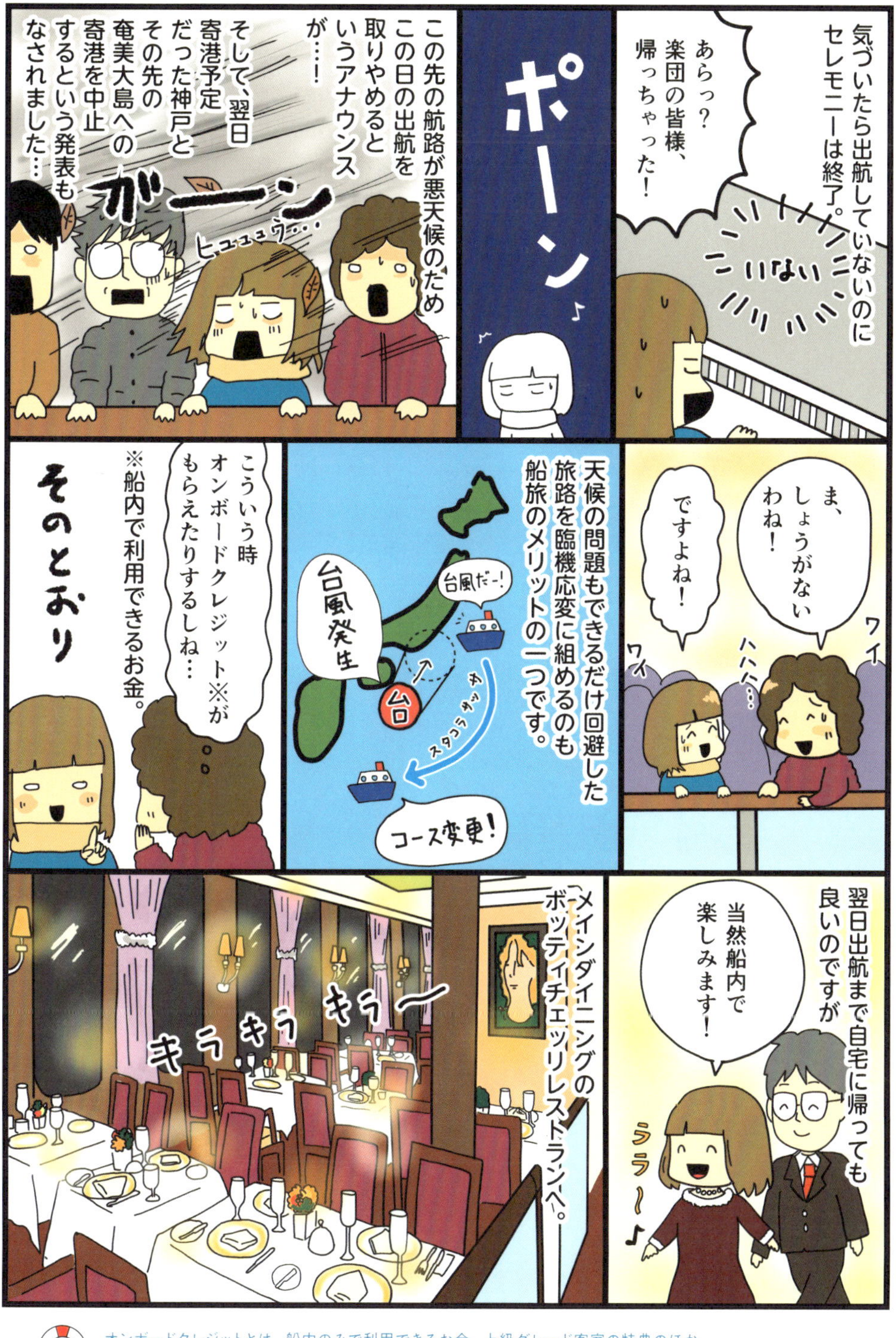
気づいたら出航していないのにセレモニーは終了。
あらっ？楽団の皆様、帰っちゃった！
いない
ポーン♪
この先の航路が悪天候のためこの日の出航を取りやめるというアナウンスが…！
そして、翌日寄港予定だった神戸とその先の奄美大島への寄港を中止するという発表もなされました…
ガーーン
ヒュュュウ…
ま、しょうがないわね！
ですよね！
ワイ
ワイ
ハハハ…
天候の問題もできるだけ回避した旅路を臨機応変に組めるのも船旅のメリットの一つです。
台風発生
台風だー！
台
スタコラサッサ
コース変更！
こういう時オンボードクレジット※がもらえたりするしね…
※船内で利用できるお金。
そのとおり
翌日出航まで自宅に帰っても良いのですが
当然船内で楽しみます！
ララ～♪
メインダイニングのボッティチェッリレストランへ。
キラキラ キラ～

オンボードクレジットとは、船内のみで利用できるお金。上級グレード客室の特典のほか、旅程が変更された時などにも、もらえることがあります。

席は指定席。期間中我々のテーブルを担当するクルーの挨拶がありました。
クルーと仲良くなるのもクルーズを楽しむコツの一つ。
この日はフォーマルデーなので、メニューも通常より豪華です。
シュリンプサラダ
エビのスープ
ドドーーン
ステーキ
メニューの中から食べたいものを好きなだけ選べます。
ハッ
ねえ！これ！
この前行ったエビつけ麺のスープに味が似てない？
超ウマいやつ
え？
えーっ…フルコースディナーでつけ麺の話？と心の中で思ったらしい夫…。
デザートには「シュトーレン」をオーダー。
クリスマスの伝統的なお菓子です。
あれ？ちょっと水分が飛んだレーズンパン…？
パクッ
というわけで食後にはビュッフェに行ってケーキをしこたま食べてしまいました。
ウフフ…

クルーズの旅では、クルーとの交流も楽しみましょう。クルーのバッジには名前だけではなく国籍も書かれていることもあるので、話題にしてみると喜ばれます。

夜はエンターテインメントクルーとクリスマスパーティ。
かなり激しく踊ったので
踊りまくる!!
部屋に置いてあったクッキーはすべて平らげました。
クリスマスイブにサンタを迎えるために置くクッキー
うまー
わしのは?!
こうして出航しなかった船の上で1泊し…
くかー
2日目
朝食は大好きなビュッフェ!
個人的にはハムの種類が多くてうれしい
そして、東京スカイツリーに行ってみました。
思ってたよりデカイ…
はじめて来たー
首痛くなる〜
東京観光を意外と満喫したあと
船に戻ると空はいい感じの夕暮れ。
今日は出航できそうです!
夕食を食べていると突然汽笛の音が聞こえました。
ボーッ
食べ終わってからデッキに出てみると…
ギャッ!!
ゴウゴウ

室内ではなく、ファンネル(船の煙突)のそばにいると、船の汽笛をダイレクトに耳にします。ものすごい轟音です!

天候がもう変わっていました。
あぶない!
ゴウゴウ
ピュー
鳥たちもまっすぐ飛べません。
フラフラ
ガンバレ…
船にはフィンスタビライザーという横揺れ防止装置がついているのですが、
① 船が傾きそうになったら…
② 傾きと反対側に起こす
③ 水平な状態キープ!
外の激しい風雨を感じると改めてクルーズ船の揺れなさを実感します…。
すごいなー…
どうぞ!
ご心配な方はレセプションで酔い止めももらえます
3日目 終日航海日
船内新聞にあった日の出の時間に起きてデッキに行くと美しい光景が広がっていました。
キレイ…
朝の時間はデッキのランニング用トラックを走ったり歩いたりする人もたくさんいます。
爽やか～!

東京湾から出るまでの間、船上でも携帯の電波が入っていました!

終日航海日のお楽しみといえば
ビンゴ大会！
Bの7〜
海外船のビンゴ大会は賞金金額がすごい！ 1等が5000ドルなんて時も…。なぜか夫は当たる気まんまん。
しかし…
夢やぶれる…
ちーーん
本気で当てる気だったのね…
ずーん
ザー
WINE
傷心の夫をワインバーに誘いました。
ワインの自販機って初めて…
悩んでいると
スッ
ソムリエが！
好みの味を聞き出してワインを選んでくれます。
ナンデモ
キイテネ
傷心の夫もソムリエさんと話して元気に。
グラスに注ぐ量も3段階からチョイスでいきます。
はじめての経験に気持ちが踊ります！
CHATEAU AB C
下戸な私たちですが、ワインバーでチーズとともにかなりくつろぎました。

ビンゴ大会の賞品は、外国船ではどの船でも「現金」が多いので、みんな目が真剣です（笑）。

すっかり千鳥足になってしまい…
うえーい
ひっく
ひっく
ヒソヒソ…
一旦部屋に戻ることに。
夕食の時間まで部屋で爆睡。
くかー
時間を自由に使えるのがありがたい！
そして見事に
復活！
早く！
この日はガラディナー！
すごく悩む人
ガラというのは「特別な」という意味です。
スペシャルメニューが用意されるので
ついつい頼み過ぎました…
夜は「ガラパーティ」。船長をはじめー
Welcome
マメ知識
肩章に4本の線が船長の印！
クルーたちが勢ぞろい。
華やかなパーティです。
ワインやシャンパンも無料でふるまわれました。
散々飲み食いしたあとなのに…夜のアイスクリームもしっかり堪能。
どうしてこんなに食べられるのかしら…？
すごーく美味しかったアイスクリーム2ドル

4日目　終日航海日
お天気も良かったのでデッキでゴロゴロ。
そして、懲りもせず夫はビンゴにトライしたものの…
Bの5〜
ドキドキドキ
見事に外し、気の毒なほどガッカリしていました…。
ザー
ザー
さて、この日の夜はメインダイニングでのディナーをやめて有料レストラン「ナポリ ピッツァ」へ行ってみました。
オーダーすると生地から手作りします。
それをクルーズ船では初となる石窯で焼く本格的ナポリピッツァ。
すごいボリューム！
皿からはみ出る
ハフハフ
オイヒイ！
ウマヒ！
たまらない美味しさ！しかも1枚7ドルからとかなりリーズナブル。
ハフハフ
満腹の中、睡眠。
本物のナポリピッツァ美味し過ぎた…
5日目　石垣島到着！
初の石垣島!!

「ナポリピッツァ」でのピッツァの料金は、8.5ドル～になっています（2019年2月現在）。

寄港地で何をするか？
①エクスカーション
寄港地の観光は大きく2種類あります。
一つは、オプショナルツアー「エクスカーション」。
確実に目的地に行ける利点があります。
交通手段の心配がなくて安心です！
②自由観光
もう一つは自分で企画や手配を行う自由観光。
今回の石垣島は寄港地到着後個人でタクシーを手配して自由観光をしました。
もしもしー。3時間コースで…
しばらくするとタクシーがやって来ました。
ようこそ石垣島へ！
TAXI
石垣島観光
運転手さんのおすすめスポットをめぐりました
3時間あれば、島を半周くらいできるかなー
途中停車した時運転手さんから歌のプレゼント!!
運転手さんの手づくり三線《さんしん》
ヘッド部分が石垣島のかたち！
「涙そうそう」など、よく知っている歌や地元の民謡も
やんややんや
川平《かびら》湾
石垣島No1の観光スポット
ココは石垣に来たら絶対見なきゃ!!だよ
す…すごい
石垣島鍾乳洞
じめじめ
内部は広大！歩きやすい靴で！
石垣島公設市場
あおさどっさり！
八重山そば
↑泡盛サワーも…

エクスカーションとは寄港地での観光ツアーのこと。乗船前や船上で申し込みができますが、人気のツアーはすぐに満員になることも。P68も参照を。

6日目　台湾　基隆《キールン》着
この日は九份に自由観光で行こうと思い、下船してブラブラしていると…
くぼさん
ビクッ
ビクッ
船友Sさん！同じ船に乗っていたのです。
ペラ ペラ
タクシー乗り場はあっちだよ！
ペラペラ
九份への行き方を教えてくれました。
さすが
九份《きゅうふん》 自由観光
タクシーのりばでは、係員に行き先を伝えるとすぐ手配
TAXI
まずは
価格交渉
タクシーは片道600台湾ドルで九份まで交渉
600ドル！
アレにのってね!!
OK!!
STAFF
わたしの撮った写真
みんなが写真を撮るインスタ映えスポット！
カシャ
カシャ
映画「千と千尋の神隠し」のモデルになったお茶屋さんはココです！
中に入ってみました
台湾式でのお茶のいれかたです
日本語を話せる店員さん
ジャッ
捨てます！
一度目のお茶は茶葉を開かせるためにいれるので…
お茶菓子も美味でした
幸せだ…!
ゴマあげ団子
定番!!
杏仁ケーキ
ぷるぷるしておいしい
九份の街は狭い路地に店がひしめきあっていてすごくたのしいです!!

寄港地にて自由行動をとる場合は、万が一の時に備えて、
港の名前や船の電話番号をあらかじめ確認しておくと安心です。

船に戻ったあとはバイバイ基隆パーティ！
踊りながら台湾に別れを告げます。
ディナーを堪能したあとは
思わぬ運動でお腹すいた〜！
部屋のドアに正月飾りをつけました。
正月の準備完了〜
わーい
7日目 那覇に到着
エイサー踊りのお迎えでテンション上がります！
まずは腹ごしらえ！
国際通りを歩きましたが那覇は暑い！12月なのに半袖の人も。
あつい…
「どらえもん」というお店で沖縄そばとゴーヤチャンプルーを注文。
シャキシャキ
あっさりしてて美味!!
だしが濃いめに利いてて美味しい！かなり自分好みの味わいでした。
しみる…
お腹が満たされたあとはぶらぶら観光！「ゆいレール」に乗って首里城にむかいました。
ゆいレール
県庁前
首里
けっこう歩いて…
守礼門
ヒイヒイ
広すぎて…ゴールが見えない
ずいぶん歩いて…首里城正殿に到着!!
見られて良かった…
正殿は有料エリアですが、見る価値アリ
やっと…入口…！

出港時間に間に合わないと、ごくまれに置いて行かれる方もいるとか…。その場合は自費で次の寄港地に向かわなくてはなりません。帰船の時間をあらかじめ確認しておきましょう。

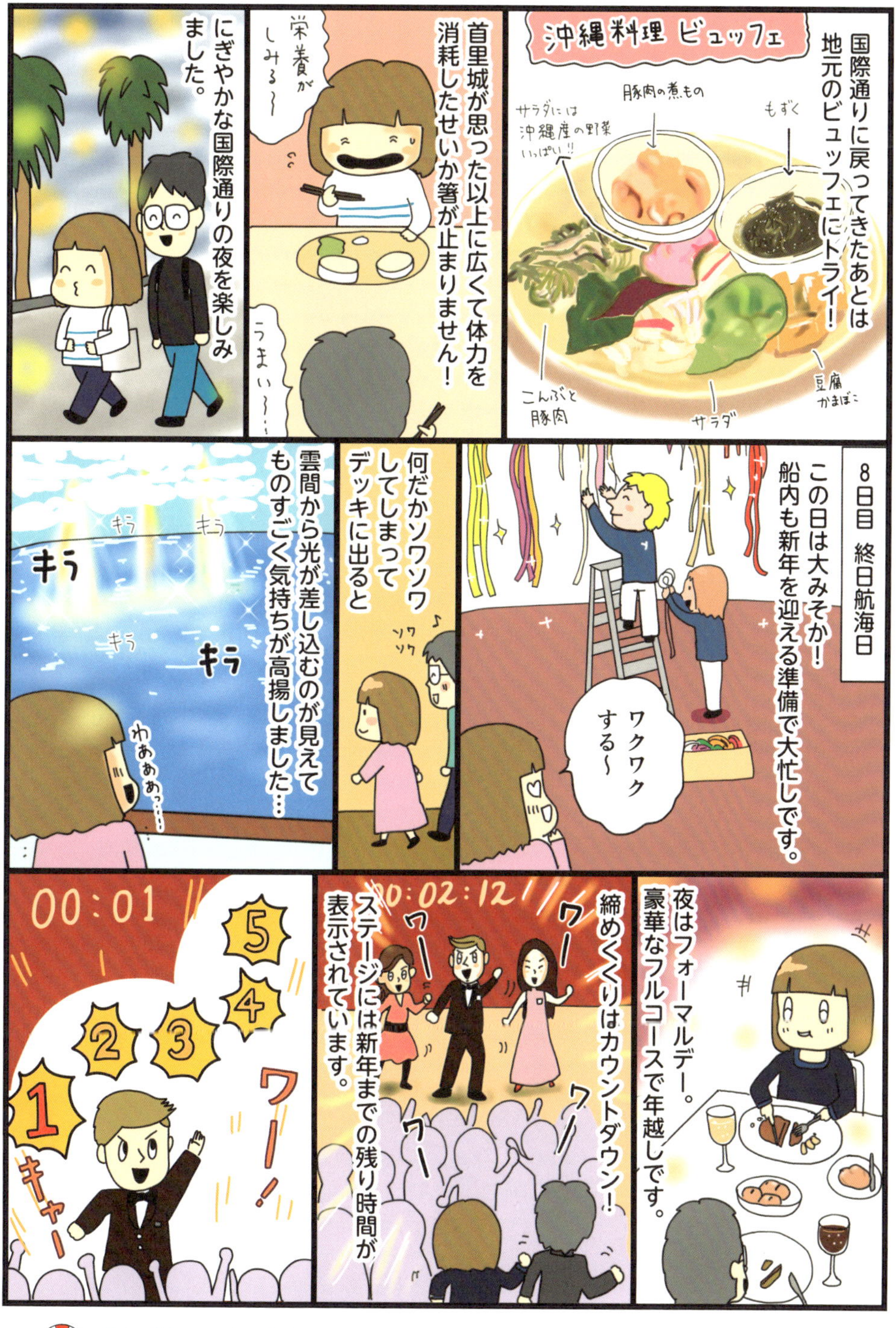
国際通りに戻ってきたあとは地元のビュッフェにトライ！
沖縄料理 ビュッフェ
豚肉の煮もの
もずく
サラダには沖縄産の野菜いっぱい!!
こんぶと豚肉
サラダ
豆腐かまぼこ
首里城が思った以上に広くて体力を消耗したせいか箸が止まりません！
栄養がしみる〜
うまい〜…
にぎやかな国際通りの夜を楽しみました。
8日目 終日航海日
この日は大みそか！船内も新年を迎える準備で大忙しです。
ワクワクする〜
何だかソワソワしてしまってデッキに出ると
ソワソワ
雲間から光が差し込むのが見えてものすごく気持ちが高揚しました…
キラ
キラ
キラ
キラ
キラ
わあああっ…
夜はフォーマルデー。豪華なフルコースで年越しです。
締めくくりはカウントダウン！ステージには新年までの残り時間が表示されています。
00:02:12
ワー
ワー
ワー
ワー
00:01
5
4
3
2
1
ワー！
キャー

多くの場合、テーブルは相席となります。2人席を希望する場合は、日本人コーディネーターに相談すると手配できることもあります。

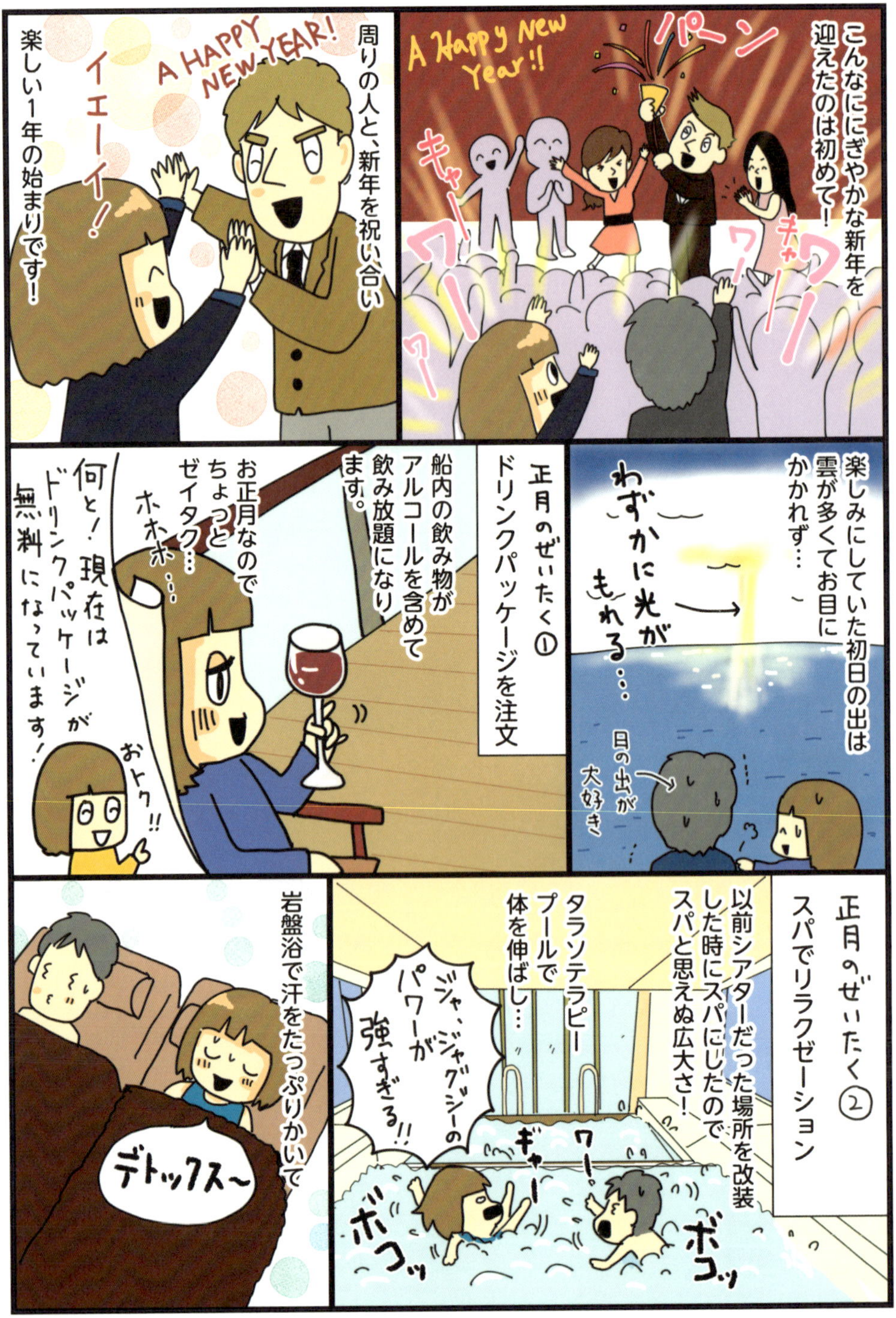
こんなににぎやかな新年を迎えたのは初めて!
A Happy New Year!!
パーン
キャー
ワー
ワー
キャー
ワー
周りの人と、新年を祝い合い
A HAPPY NEW YEAR!
イエーイ!
楽しい1年の始まりです!
楽しみにしていた初日の出は雲が多くてお目にかかれず…
わずかに光がもれる…
日の出が大好き
正月のぜいたく① ドリンクパッケージを注文
船内の飲み物がアルコールを含めて飲み放題になります。
お正月なのでちょっとゼイタク…
ホホホ…
何と! 現在はドリンクパッケージが無料になっています!
おトク!!
正月のぜいたく② スパでリラクゼーション
以前シアターだった場所を改装した時にスパにしたのでスパと思えぬ広大さ!
タラソテラピープールで体を伸ばし…
ジャ、ジャグジーのパワーが強すぎる!!
ギャー
ワー!
ボコッ
ボコッ
岩盤浴で汗をたっぷりかいて
デトックス〜

ドリンクパッケージは、客室のグレードによって異なります。コスタ ネオロマンチカでは、客室のグレードによってドリンクパッケージプランが変わります。P64も参照を。

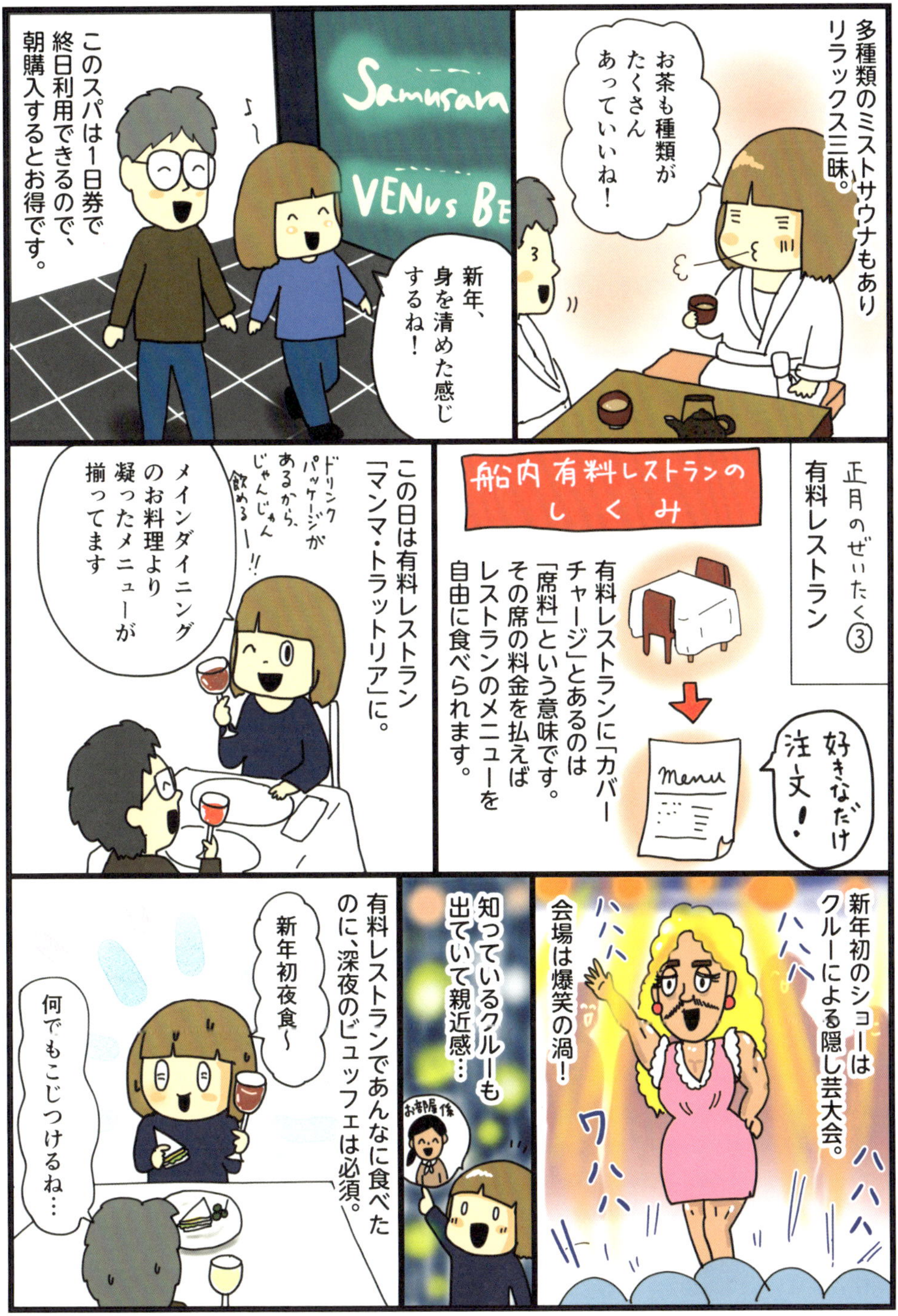
多種類のミストサウナもありリラックス三昧。
お茶も種類がたくさんあっていいね！
このスパは1日券で終日利用できるので、朝購入するとお得です。
Samusara
VENus BE
新年、身を清めた感じするね！
正月のぜいたく③
有料レストラン
船内有料レストランのしくみ
有料レストランに「カバーチャージ」とあるのは「席料」という意味です。その席の料金を払えばレストランのメニューを自由に食べられます。
Menu
好きなだけ注文！
この日は有料レストラン「マンマ・トラットリア」に。
ドリンクパッケージがあるから、じゃんじゃん飲めるーー!!
メインダイニングのお料理より凝ったメニューが揃ってます
新年初のショーはクルーによる隠し芸大会。
会場は爆笑の渦！
ハハハ
ハハハ
ワハハハ
ハハハ
知っているクルーも出ていて親近感…
お部屋係
有料レストランであんなに食べたのに、深夜のビュッフェは必須。
新年初夜食〜
何でもこじつけるね…

有料レストランに行きたい時は、事前に予約しておくと安心です。
人気レストランは初日から予約が埋まってしまう場合があります。

9日目　四日市到着
無料!
四日市駅
港には市が用意した四日市駅まで行けるシャトルバスが待機。
のりまーす!!
そこで四日市駅から電車・バスを乗り継ぎ「なばなの里」に向かいましたが…
ぎゅう　ぎゅう
人がほとんどいません。
ひゅゅゅゅ〜ウ
ガラーーン
冷える…!
人がいない…
冬の「なばなの里」は夜のイルミネーションが人気らしく
何をしようか悩みましたが…
さむい…
何かないかな…
花のテーマパークということでベゴニアガーデンという温室に入ったところ
ベゴニアガーデン
わあああぁっ…
春のような暖かさが広がる中、1万2000株のベゴニアが満開!
まるで絵画の世界に迷い込んだ錯覚を起こしました!
すごいすごい!!
大満喫して港に戻ると地元の方々のおもてなしイベント。
ドンドドン　ドドドン
嬉しい気持ちでいっぱいに。
ありがとうございます
じんわり…

最終日の夜はドレスコードが「イタリアン」。
服装に赤・緑・白のイタリア国旗の色を取り入れます。
赤
白
緑
赤
白
緑
お世話になったクルーたちともお別れです。
マタアイマショウ
さんくす
しーゅーあげーん…
シェフたちの挨拶もあり
アリガトゴザイマス！
最後の夜は盛り上がります。
ワー
ワー
ワー
楽しかった日々の終わりは近付き、あとは荷物の片付けだけ…。
今日が終わるの辛いなあ…
トボトボ…
はぁー…
部屋に戻る途中の廊下に男の子が立っていました。
あらっ？
まいご？
ううん。待ち合わせ。最後の夜だから…
はあっ？
船のキッズクラブで会った女の子と会う約束してるの
夜はこれからでしょ？
おやすみー
しーゅー！
ちょっと…
寂しがってる場合じゃない！
まだ終わってないし！
ギリギリまで楽しみました！

外国船 | 日本発着 | 中型船

欧州最大規模のコスタの船で、上質なイタリアを体感

コスタ ネオロマンチカ

Costa neoRomantica

SHIP DATA

全長	220.6m
全幅	30.8m
客室数	789室
総トン数	5万7000トン
乗客定員	1800名
乗組員数	622名
船籍	イタリア
船会社	コスタクルーズ

初めてコスタクルーズに乗船した人

クルーズカード

デザインが違う！

リピーター

くぼmemo

コスタクルーズ社が所有する船の中でも「ネオ」シリーズはワンランク上の客船ですが、お値段はリーズナブル。中型船なので船内の動線が良いです。客室も広めで豪華です！

料金	★★★★★
日程	★★★★★
航路の魅力	★★★★★
巨大度	★★★☆☆
カジュアル度	★★★★★
食事	★★★★☆
日本語	★★★☆☆

お部屋にクッキーが！

サンタを迎える時の風習！

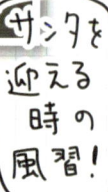

P19 参照
おすすめのピッツェリア

キラキラ
インスタ映え〜♪

これぞクルーズ！

ビルみたい！

九份
有名な茶屋

美しい川平湾…!!

九份で食べ歩き

川平湾クルーズ

クルーズでよく見る
サンタだよっ
野菜・フルーツでつくる人形みたいなの

DANCE！DANCE！

ステキなワインバー！

大人〜♪

今回の旅の費用

9泊10日／大人2人／海側客室

旅費（クルーズ代／現地移動代含む）
164,400円×2人＝　328,800円

お小遣い
（寄港地・船内での買い物など）約25,000円

各種税金（港湾税など）
2人分　57,600円

合計　411,400円

日本国内の問合せ　コスタクルーズ　https://www.costajapan.com/

クルーズの選び方

世界中の海を航行するクルーズ船。自分が一番楽しめる船はどんな船？ その選び方のポイントをナビゲートします！

その①
クルーズの種類で選ぶ

クルーズに乗ろうと考えたら、最初に2つの選択肢から1つを選ぶ必要があります。

①フライ&クルーズ

飛行機で海外の港に行き、乗船！

②日本発着クルーズ

日本の港から出港し日本の港に戻る

フライ&クルーズの中には、海外の港まで飛行機で行って船で日本に戻ってきたり、日本の港から海外に行って飛行機で日本に戻ってくる**「片道クルーズ」**もあります。

FLY
CRUISE
台湾

日本発着クルーズは楽ちん！

飛行機に乗らないから費用も安いし、楽！

荷物も宅配便で船の客室まで送れるから楽！

帰りだって港から荷物を自宅まで送れます！

ふだんのお出かけ気分でクルーズ♪
手ぶら〜♪
子どももラク〜!!

日本発着は船の国籍をチェック

船にも国籍があり、それぞれに違いがあります。

	日本船	外国船
言語	日本語	英語 など
食事	日本食・洋食ともにおいしい	洋食中心
船名	●飛鳥Ⅱ ●にっぽん丸 ●ぱしふぃっく びいなす	●コスタ ネオロマンチカ ●ダイヤモンド・プリンセス ●ハーモニー・オブ・ザ・シーズ など

最大の違いは、寄港地！

外国船でのクルーズは、日本の都市のみに寄港する航路を組むことは規制されているため、必ず日本国外の港を経由する必要があります。

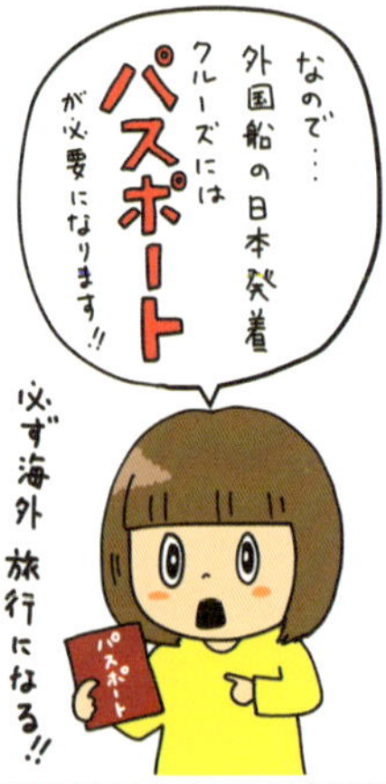
なので…外国船の日本発着クルーズにはパスポートが必要になります!!
必ず海外旅行になる!!
パスポート

その② 船の階級で選ぶ

クルーズ船は、乗客1人あたりのクルーの人数を目安にしたサービスレベルなどによって、カジュアル・プレミアム・ラグジュアリーの3つの階級に分けられています！

どんなスタイルの船旅を楽しみたいのか、旅の目的などを考えながら船を検討する材料にしてください。

	ラグジュアリー船	プレミアム船	カジュアル船
クルー1人あたりの乗客人数（目安）	約1.5人	約2人	約3人
1泊あたりの価格	5万円～	3万円～	1万円台～
サービス	きめ細やか	中間	気軽
船会社	●シルバーシー・クルーズ ●クリスタル・クルーズ など	●プリンセス・クルーズ ●セレブリティクルーズ ●ホーランドアメリカライン など	●コスタクルーズ ●ロイヤル・カリビアン・インターナショナル ●カーニバル・クルーズ など
船の大きさ	小型船が多い	中型船が多い	大型船が多い
フォーマルデーのドレスコード（例）	男性 タキシード 女性 イブニングドレス 	男性 ダークスーツ 女性 スーツ 	男性 ブレザー・スラックス 女性 ワンピース 

クルーズの選び方

もともとクルーズ船は巨大！というイメージはありますが、実際に見ると、想像を超える大きさに驚く人が多いようです。

大型船はたくさんの乗客が乗るので、クルーズ費用は安めになることが多いです。エンターテインメント施設も豊富に用意されていますので、ファミリーで乗船される方も。

中型船・小型船と船が小さくなるにつれ施設の数は減りますが、サービスがきめ細やかになり、のんびり優雅な旅を楽しめます。

	大型船	中型船	小型船
階級	カジュアルクラスの船が多い	プレミアムクラスの船が多い	ラグジュアリークラスの船が多い
特徴	●エンターテインメントに特化した施設が多い ●イベントも多くにぎやか ●乗客が多いためコストダウンされており、気軽に乗れる ●客室はコンパクトなタイプが多い ●キッズクラブが充実 ●船内が広く、歩き疲れる。乗船中に施設を回りきれないことも	●客室から船内各施設への距離が程よく、動線が良い ●落ち着いた雰囲気を楽しめる ●船内施設も比較的多め	●最上級のサービスを提供 ●客室は広めでゆったりしていることが多い ●娯楽施設は少ないが、静かでラグジュアリーな雰囲気の中ゆったりと過ごせる
代表的な船	●ハーモニー・オブ・ザ・シーズ ●ダイヤモンド・プリンセス ●プライド オブ アメリカ ●MSCスプレンディダ	●飛鳥Ⅱ ●フォーレンダム ●コスタ ネオロマンチカ	●ポール・ゴーギャン ●シルバー・スピリット

その④ 航路で選ぶ

世界中の様々な海をクルーズ船が航行しています。海路を使うからこその特徴的な旅を楽しむことができます。

1 日本・東アジア

日本発着や中国・韓国など日本から近い距離なので、費用も安く気楽に楽しめる。

2 東南アジア

香港・シンガポール・マレーシアなどは、ショートクルーズのプランが多く費用も安い。

3 エーゲ海・地中海

クルーズで最も人気のある航路の一つ。世界遺産の宝庫。小さな島がたくさんあるため、クルーズだと一度の旅行でたくさんめぐることが可能。

4 北欧

フィヨルドをはじめ、氷河や白夜などの美しい大自然を楽しめる。

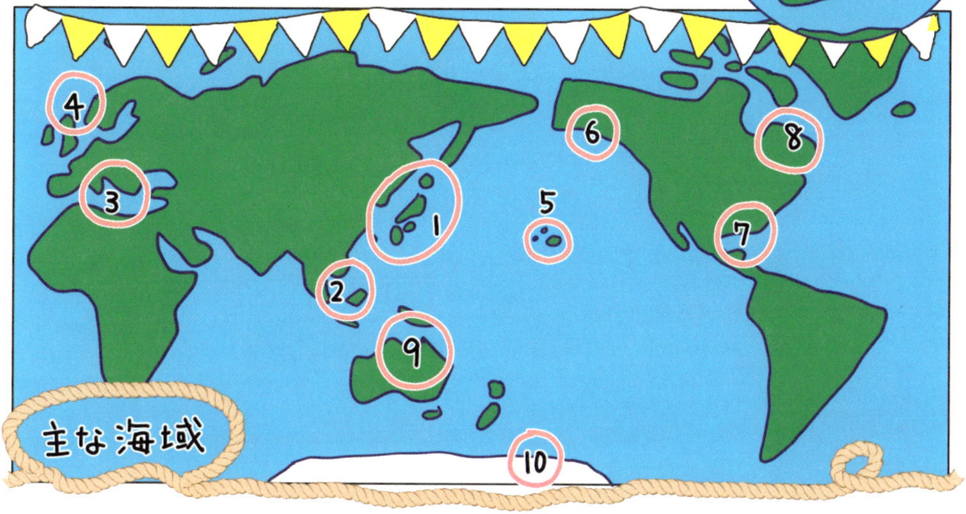

5 ハワイ

オアフだけではなく、他のハワイ諸島にも、一度に訪れることが可能。手付かずの自然の残るハワイを堪能できる。

6 アラスカ

グレーシャーベイなどで氷河を目の当たりにできる。オーロラを見られることも。

7 カリブ海

クルーズの定番航路。海が綺麗でマリンスポーツが盛ん。船会社がプライベートアイランドを所有していることが多く、優雅に遊べる。

8 カナダ・アメリカ東海岸

ニューヨークやボストンから出航するコース。秋の紅葉が美しいことで有名。

9 オセアニア

オーストラリア・ニュージーランド・タヒチをめぐる。リゾート気分を楽しみつつ、時差が少ないため体の負担が少ない。

10 南極

クルーズ旅なら行くことができる旅行先として人気。氷を掻き分けて進める特別なクルーズ船に乗る。

ビギナー編

クルーズ船の申し込み方

ぽわわ〜…
クルーズ…
いつか行ってみたいなぁ〜…

こういう漠然とした思いがある方は旅行代理店が主催する**クルーズ説明会**に参加してみることをおすすめします！

費用
航路
船内
おまかせください!!

説明会で興味を持てば、個別に相談もできます。旅行の申し込みも電話・WEB・来店時など、様々な方法があります。

大人4人と子どもが1人、お部屋は2つに分けて1つがベランダ付きで1つが内側客室。なるべくエレベーターから近い部屋がいいんですけど…
なるべく2部屋を近くに
それでー…

我が家のような複雑な申し込みも安心してお任せできます！

また、旅行代理店などで主催する乗船体験会もおすすめです！

じ、実際に見ると…
デカイ…

寄港中のクルーズ船の中を見学できます。

船内施設や客室を実際に見ることができます。船内は広いので、歩きやすい靴で参加しましょう。

すごいきらびやか…
ここはエルドラド？

乗務員とは別に旅行代理店のスタッフの方が乗船して、ロビーなどにクルーズデスクを設けてくれることも。

特典があるときも
船内の情報がまとまってるハンドブック
ハンドブック
クルーズカードを入れるネックストラップ
お困りのときはいつでもどうぞ！
クルーズデスク

メリット

- 安心して申し込みができる。
- 不安な点を確認できる。
- 代理店ごとに異なるがお得な特典がある場合も。

デメリット

- 個人手配よりも少し割高になる場合がある。

上級者編

クルーズに何度か行って、ちょっと慣れてきたころ。次にどこに行こうか調べていたら…。

え!? 何この値段!?

ありえない価格表記だったので、二度見しました。

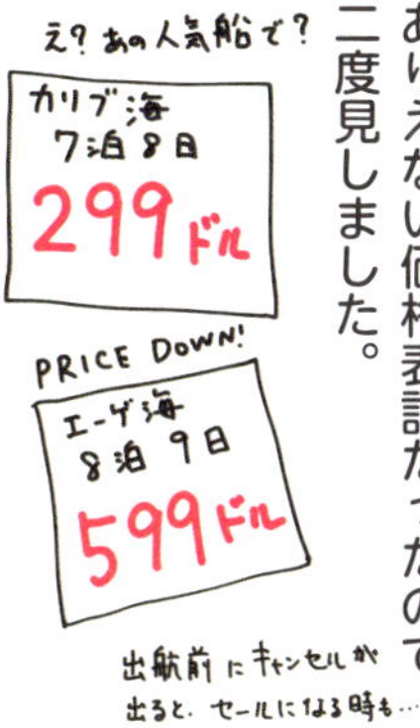
え? あの人気船で?
カリブ海
7泊8日
299ドル
PRICE DOWN!
エーゲ海
8泊9日
599ドル
出航前にキャンセルが出ると、セールになる時も…

「クルーズのみ」と書いてあります。

クルーズのみ?
"のみ"って?
はぁ?

実はクルーズの費用はこんな内訳になっています。

クルーズ代
飛行機代
各種税金
+α
この部分だけ…
クルーズの料金って意外と安いのね!
知らんかったー…
だったら……

飛行機などの料金も自分で最安値のものを手配したら格安で行けるのでは?と思いましたが、実際にやってみて感じたデメリットも。

1 手配が大変。

クルーズ予約
前泊する
ホテル…
飛行機
その他もイロイロ…
カタカタ
カタカタ

2 外国船の場合、英語での申し込み。

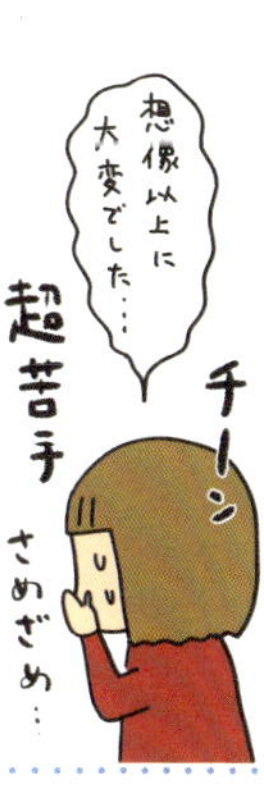
想像以上に大変でした…
超苦手
チーン
さめざめ…

3 日本人コーディネーターがいる船を選ばないと乗船中すべて英語生活に。

パニック
えーと
えーと
えーと
ママー! ショーはいつ?!

4 時差を考えてスケジュールを立てる必要がある。

あれっ? 予定の前日に着いちゃった?!
実話
前日でよかった…
アハハ…
I ♥ HAWAII

メリット

・うまくいけば費用が抑えられる。

デメリット

・手間がかかる。
・英語に手こずることも…。

港に船を見に行こう！
クルーズを申し込むのはまだハードルが高いという人は…まずは外から船を見に行ってみませんか？各港のホームページにはクルーズ船の入港情報の記載があることも。
来週あの船が来るんだーー!!
出入港にあわせて見に行くと、イベントが行われている時もあります。
ブンチャ
ブンチャ
実際の大きさを見ると、きっとびっくりされることでしょう！
すごーい！
例えば横浜港大さん橋ではお見送りイベントを企画している時もあるのでチェックしてみてください。
黄色いハンカチをふるとか
いってらっしゃーい
乗船体験会をしている場合もあります。
すごすぎる!!
私も飛鳥Ⅱの見学会に行きました
実際に乗船して案内をしてもらったり、場合によってはお食事が食べられる企画もあったりします。
うまいすぎ…
美味しすぎて…
固まる人…
@飛鳥Ⅱ
船内の豪華さに、参加された方はみなさん、驚かれます。
やばいやばい
のりたーい!!
予想以上だったね！
港はクルーズの世界への入口です！

Cruise 2

3世代、初めてのプレミアム船に乗船

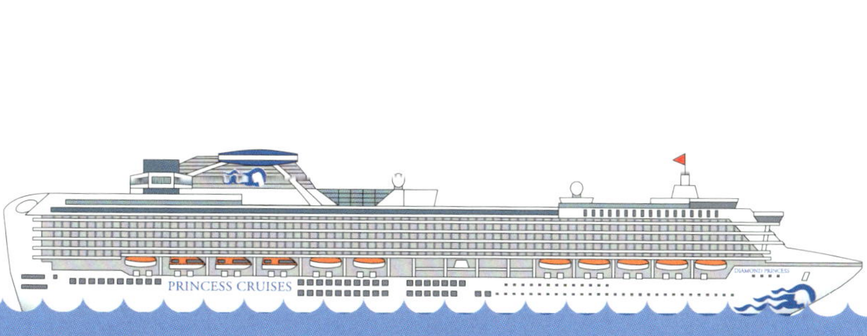

ダイヤモンド・プリンセス

Diamond Princess

日本生まれの美しい異国のプリンセス…
ダイヤモンドの輝き…
横浜港にやってきたそのお方は
長崎の造船所で作られた外国船「ダイヤモンド・プリンセス」号！
DIAMOND PRINCESS
デカッ
横浜ランドマークタワーを横にしたのと同じくらいの大きさ！
小市民の我が家との対比ーー…
しかし…！
ボーゼン
みるからに庶民
初登場
娘の「パルリ」（3歳）
たじろがない人が。
いいわね～！早く乗船しましょうよ！
義母
私にぴったり!!
横浜港 大さん橋のクルーズターミナルでまずは乗船手続き…
乗船しまーす♡
ララ～♪
あっ！
手続きはみんなで…
ここでクルーズカードを受け取ります。
今回は我々より体力のある義母とー
ダッシュ!!
シュタタタター
ま、待って下さい!!
船内でのお買い物もできたり、客室の鍵にもなっている「クルーズカード」の説明をしていても
クルーズの間は肌身離さず持っていてくださいね！
ネックストラップ付パスケースに
1人1枚
CRUISE CARD
PRINCESS CRUISE
カギ
クレジットカード
すぐに五・七・五に変換する
控えおろう船の上での印籠だ
ハハハ
あの、私の説明きいてましたでしょうか？
キャキャ
のんびりマイペースの義父も一緒。

今回の航路！
北海道＋α
横浜発着　9泊10日の旅
世界遺産「知床半島」を通過し、コルサコフにも行ける贅沢な旅。
コルサコフ
知床半島
小樽
函館
釧路
青森
横浜
横浜
釧路
知床半島
コルサコフ
小樽
函館
青森
横浜
外国船は、日本の都市のみに寄港する航路は規則で規制されているので必ず海外に寄港します。そのため、パスポートが必要です！
PASS PORT
パスポートは乗船時に船に預け、下船の時に返却されるので、コピーを取って持ち歩くと安心。
3才
パルリもパスポートもってます
PASS PORT
この船のカテゴリーは何とプレミアム！
※P31参照
ラグジュアリー
プレミアム
カジュアル
未体験
いつもの
カジュアル船だって、結構豪華だったしさほど変化は…
のんきにしていたくぼファミリーでしたが
乗船してびっくり！
船の中央部「アトリウム」
3階分が吹き抜けになっているスケールの大きさと豪華さに圧倒！
プレミアム、すごい…

クルーズ船はサービスレベルなどによって、ラグジュアリー・プレミアム・カジュアルの3つに分けられます。詳しくはP31を参照。

そこに「おちょこ」を配る日本人クルーが。
どうぞ
アトリウムにいる人全員に配っています。
そこで娘《パルリ》も
く〜だ〜さい
ガ
大人だけなの
と哀しみに包まれていたところ…
おとなってズルイ
哀しみオーラ
ガックリ…
Hi! Cutie!
(パルリのこと)
Have some juice!
ジュースをくれたクルーが! そして…
さんくす!
要望をしっかり伝える義母…。こういう人が一番旅を楽しめます。
OK!
私にもジュース!
ずる
アトリウムでは日本酒の樽を割る鏡割りが船内で盛大に行われ、おちょこで振る舞われたのです!
よいしょー!!
ワー
ワー!!
初めて会う方とも乾杯でご挨拶。
楽しい船旅の始まりです!

部屋に行ってみると、乗船時に預けた荷物が届いてました。
もう届いた！
義父母は自宅から荷物を船まで宅配便で送っていたので
手ぶらで来られて、ラクよね！
部屋の前まで配送されます
こんなところもお気に入りの様子。
日本発着の場合は、自宅から船まで宅配便で荷物を送れます。
約1週間前に集荷されます
帰りも同様に自宅まで荷物を送れるので手ぶらでOK！
らくらく〜
今回私たちは内側客室に宿泊。
部屋に窓はありませんが、寝に帰るだけと割り切れば価格も安くてお得です。
鏡があり、広く見える!!
びっくりしたのはクローゼットの大きさ！
持ってきた服余裕で全部しまえる！
ハンガーの数も多い！
そして外国船では珍しいバスローブとスリッパが完備。
日本人好みのサービスが嬉しいです。
色々気が利いてて すっかり気に入っちゃった！
義母もお気に召したようで一安心。
ホッ
ラララ〜
避難訓練を済ませたあとは出航。デッキに出るとアイスクリームバーを発見…。
ドーゾ
当然いただきます！
さんきゅー

内側客室は朝になっても太陽の光が入らないので、ぐっすり眠れます。
当日の天気や気温は、客室内のテレビで見られる船内番組で常時告知されています。

アイスも無料。おかわり自由！
ママ！おふねがでるよ
ボーーッ
ゆっくりと動き出す船…感動の瞬間です。
横浜港大さん橋から出航する時に見逃せないのがー
ベイブリッジの下をくぐる瞬間！
わーーっ
スレスレで通過しますので、歓声や悲鳴が上がります。
ぶつかるーー
ギャーー
キャー
必見です。
この日の夕食は簡単にビュッフェで済ませることにしました。
あれ？パルリちゃんは？
食事も自由。メインダイニングに行かなくてもいいのです。
いつのまにかクルーと仲良く！
1歳からクルーズ船に乗り始め今回で5回目の乗船のため、外国人との会話にも慣れているようです。
How old? Two?
OH~!
NO. I'm Three.
パルリのFamily！
マム・ダット
最近はパルリがクルーと仲良くなりおこぼれにあずかる図式が定番…
Nice to meet you!
ハロー

横浜港に入港するにはベイブリッジをくぐらなければならないので、船の大きさが制限されます。

2日目　終日航海日
一日中船の上で過ごす日です。
なので…
退屈でしょう？
とよく聞かれますが
NO!
と答えます。
終日航海日こそ船旅の醍醐味を味わえます！
まずは海から昇る日の出を見るところから。
わあっ
この日の朝食はメインダイニングで。
メインダイニングだとサーブしてくれます
食べる場所も自由です！
パルリは食後はキッズクラブにダッシュ。
Welcome!
ビュ
Hello~
親にはポケベルが。何かあったら鳴らしてくれます。
ビー
ビー
大型船の多くには子どもを預けられるキッズクラブがあります。
専任のスタッフがいて、ゲームや工作など楽しい企画が盛りだくさん。
この船では夜10時までオープン！
その間、親は自由な時間を過ごせます。
究極の贅沢だわ…でも、寂しがってるかも…？
デッキでゴロゴロ～♪
迎えに行くと、親を見て大号泣。
わーん
パルリ～!!
おいっ
それほどまでに楽しいのかいっ！

3歳以上になると、子どもだけで楽しむキッズプログラムを用意している船が多いです。
ファミリークルーズの場合には、キッズプログラムの内容も事前にチェックすると良いでしょう。

夕食のドレスコードはフォーマル。
パルリもドレスを着て参加です。
今日のディナーは「オードリー・ヘップバーン」をテーマにしたコース。
コース以外のアラカルトも注文できます
Menu
オードリー・ヘップバーン
「スター・プリンセス」の命名をしたのが彼女ということで、プリンセス・クルーズとは縁が深いようです。
フォーマルデーの日にはステキなドリンクも注文。
メニューにないものも可能な限り作ってくれます。
ノンアルコールのモヒートを作ってもらったのですが——
義母が気に入り、毎日オーダー。
おいしい
OK, アレ!
アレ、おねがい!
クルーにも「アレ」で通じるように…
ディナーの後はキャプテンズパーティ。
中央アトリウムにはシャンパンタワーの準備が!
そんな中…
本物だ…
パルリがいない!
船の上のどこかにはいるはずです。
えっ
パルリー!
パルリー!
パルリちゃーん
それでも心配で、声をあげてさがしました。

キャプテン主催のウェルカム・パーティーは現在も大人気（2019年2月現在）。
スパークリングワインで行われるグラスタワーは必見です!

なんと、シャンパンを注ぐ順番待ちの列に並んでいました。
皆さん 心配して下さってました…
大丈夫？
ママは？
います
ズコッ
不安がっていただろうと思っていたのですが
パルリー
ママー
え？
あとちょっとでパルリのじゅんばんだから
淡々としていました…
よこはいりしないでね
というわけで、プロが撮った幼児のシャンパンタワー写真を買いました…。
珍妙…
この後はお待ちかねの船長登場！船旅に来た！というテンションが高まります。
ワー
ワー
夜のダンスショーも豪華絢爛。
刺激の多すぎる1日に…
ワー
ワー
部屋に戻った瞬間にスイッチが切れたパルリなのでした。
くかー

撮影は無料なので、どんどん写真を撮ってもらいましょう！ プリントされた写真を見に行くだけでも楽しいです。お気に入りのショットがあれば購入を。P67も参照を。

3日目 釧路港 入港
寄港地のプランを考えるのは毎度ひと苦労。家族の要望や特長を踏まえたスケジュールを検討します。
帰船の時間 厳守!
港の位置 市街地から離れているか…?
名所と名物
交通機関 時間・料金
休憩スポット ・疲れた!と言われたら休む
脳内にフセン貼り…
PC
夫 ・足腰弱い ・節約したい
パルリ ・歩きたい ・すぐ眠くなる
義父 ・のんびりしたい ・景色が見たい
義母 ・あちこち行きたい ・買い物したい
港からタクシーで移動
港の前にTAXIがいっぱい待ってました
TAXI
まずは朝食を食べにGO!
みんなまんぞく!
釧路自由観光
和商市場
名物
勝手丼
刺身がひと切れ単位で売られているので、お好みの具材で自由に丼を作ります
人気の観光トロッコ列車
ノロッコ号
車内から湿原がよく見えます
帰りのみ予約。大人気なので要事前予約
ノロッコ
NOROKKO TRAIN
釧路湿原
釧路湿原でカヌー
釧路
塘路《とうろ》
JR 釧網本線
釧路湿原をカヌーで見学! 5人ファミリーで乗れる大型カヌーで1時間ほどエンジョイしました
エゾシカです!
あ!鹿!!

4日目　終日航海日
知床半島付近を通過し、それをデッキから鑑賞する予定でしたが天候不良のため中止に。
でもイベントいっぱいだから平気〜
すっかり慣れてます。
毎晩ショーが行われるシアターではシェフによる料理ショーが。
見事な手さばきで料理を作り上げていきます。
ユーモアあふれるトークをしながら出来上がるメニューに拍手喝采!
続けてギャレーツアー。
ピカピカ!
ギャレーとは船の厨房のことで、3000人近くの乗客の料理を作る巨大キッチンです。
途中野菜や果物で作った不思議なオブジェがお出迎え…見応えがあるのでおススメです!
パルリがキッズクラブに行ったあとは大浴場「泉の湯」へ。
外国船では珍しい施設です。
泉の湯
IZUMI
大海原を見ながら湯船に浸かれる幸せ!
極楽…
日本人が喜ぶ理由が随所に散りばめられた船です!

ショータイムは毎晩違う演目が行われます。演目は船内新聞（P56参照）でチェック!

5日目 コルサコフ（樺太 サハリン）
前日お風呂で英気を養い、元気いっぱいにコルサコフに上陸！
港が小さいのでテンダーボートで上陸します。
エクスカーションに参加しない場合、ビザを個人で取得する必要があるので市内観光のバスツアーに参加したら…
コニチワ
（こんにちは）
ぱあーっ
現地美女のガイドにみんな釘付け。
日本語勉強中の現地大学生
市内観光でも
レーニン像です
オー
オー
オー
コサックダンスです
オー
ワー！
おおー
コルサコフの街です
何か言うだけで盛り上がります。
おおー！
オー
そんな中、夫が…
ピロシキ売ってます？
ピロシキ…？
さ、探します。待っててください
もしや、日本で磯辺焼き食べたいって急に言ったくらいのレベル…？
しばらくして
ありました！
気軽に頼んでしまった夫…慌てて代金を支払いました。

船が巨大で港に直接接岸できない場合は、テンダーボートと呼ばれる上陸用の小型ボートに乗って港へ向かいます。

6日目 小樽
朝、デッキに出ると遠くに陸地が見えました。
ワクワクする…
少しずつ街に近づくのを見ていると昔の船乗りのような気がするのです。
よっしゃ、小樽に上陸!
こまきちゃ〜ん…
今日は、絶対におみやげ買いたいの。ゼッタイ
かいものしたい
ストレス
たまる
買い物大好き義母のリクエストはゼッタイデス。
小樽自由観光
寄港地のホテルに行ってみた
地元産の食材最高!
オーセントホテル小樽 朝食ビュッフェ
日本銀行旧小樽支店
金融資料館になってます
重っ!
1億円持ち上げ体験ができます!
小樽運河クルーズ
小樽の街なみをゆったりと進みながら観光できます
クルーズはやっぱり海が一番だ
小樽で一句
しー!! そーいうこと言わないの!!
船上でもめごと発生
おみやげも…
LeTAO
「小樽」の反対読み「ルタオ」!
チーズケーキが大人気のルタオ本店に行きました
すごい気に入っちゃった!
おみやげ3万円買ったわー!
買いすぎ!!
ワーイ

朝、寄港地に到着する場合、朝食のレストランは大変混み合いますので、注意が必要です。
寄港地で朝食を食べるという手も。

船に戻り、フォーマルディナー。
豪華なディナーを堪能した後照明が落ち、突然音楽が流れ…
きいたことある…
クルーが火がついた何かを持ちながら行進!
これはクルーズでよく食されるデザート「ベイクド・アラスカ」!
ベイクド・アラスカ
アイスクリームのケーキをベースにメレンゲでコーティングしてバーナーであぶったもの。クルーズでよく食される
中身は…
アイスクリーム
ケーキ
レストランで時折こうしたイベントが催されますが、
クルーズのお作法
こういう時は、膝の上のナプキンを頭の上で回しますすごく盛り上がりますよ!
パルリもやります
コレ食べるとクルーズに来たなあって思うよね…
そして終わりが近づいて来たのも感じてしんみり…
バイバーイ!
スタコラサッサ
キッズクラブは夜10時までOK!
食後、パルリはキッズクラブに出かけたので、夫婦でショーを見たり、デッキで月明かりを眺めたりして過ごしました。
7日目 函館
つい言いたくなる…
は~るばる…
それ以上は…
メンバー全員初めての函館!今回は自由観光で名所巡りをしました。
ドーン
函館朝市でド迫力の海鮮丼!
チャイニーズチキンバーガー
ラッキーピエロ
函館の超人気ハンバーガー店
行列必至!
八幡坂
美しい光景の坂道
どこもかしこも
インスタ映えー
函館ハリストス正教会
どこもステキ!!
金森赤レンガ倉庫
雰囲気の良いお散歩スポット

船内レストランのオーダーは、好きなメニューを好きなだけ注文してOK!
メインを2つオーダーしたことも…。P63も参考にしてみてください。

夜になって函館山展望台に。ロープウェーで山頂まで登ったら
パルリ！
キッズクラブのクルーにバッタリ！
この日は休暇なので下船して観光していたそうです。寄港地でクルーに会うのはよくあることです。
展望台に到着したものの…
すごい人混み…！
というか、窓に到達できるのだろうか…
わらわら
しかし！人気の少ない穴場を見つけ…
函館市内を一望できる絶景を堪能することができました。
今日巡ったところも全部見えるっ
まるまる1日函館を大満喫して船に戻りました。
船に戻ったらショータイム！我々は最前列の席に座ることが多いです。
その理由は
たまにステージに上げてもらえるから。
そこのお子さん!!
日本人マジシャン
1・2・3！
フワフワ
ふしぎすぎて、その夜眠れなくなる…
愉快なステージで充実した一日を終えました。

大型船では2階・3階が吹き抜けになった巨大シアターも。小さなお子様など長時間のショーに不安があれば、上の階の席に座れば抜け出しやすく、安心です。

8日目 青森
ゆるキャラたちの出迎え
移動は台車!!
ゴロ
ゴロ
今でも使ってます
自分へのおみやげ ねぶたハンカチ
カッコいい…
パルリ、ねぶたにハマリ…
ねぶたの家 ワ・ラッセ
港にはシャトルバスがたくさんあり、交通に困りませんでした
ズラーーッ
青森県観光物産館アスパムに送迎してくれます
ピラミッドみたいな形
おみやげいっぱい買えるわー!!
山ほど買ったでしょ!!
買いすぎ
またもめる
観光のシメにアスパムで開催していたたまごかけごはん祭りに参加。
1個500円のたまごも!
和食が恋しくなったら寄港地で楽しめばOK!
ガッガッ
うまい
うまい
船に戻ってディナーを堪能した後はアトリウムで「風船ドロップパーティ」。
みんな音楽に合わせて踊っていましたが――
ん?
ママ
天井に網が張ってあり、その中に大量の風船が!
そして――
ドキドキ
網が外れ、大量の風船が空から降ってきました!
集まった人たちのテンションが最高潮に高まります!
ワーーッ!

他の乗客と一緒に大笑いしながら風船を拾いました。
初めて会う人とも楽しい時間を共有し、話がはずみます。
そんな中、パルリがまたいなくなったのですが…
パルリー!!
今度はどこー?
パルリー
クルーと一緒に風船割りに勤しんでいました…
HAHAHA
パン!
全体重をかけておしりで割る
子どもの環境順応性の高さに驚かされます。
最終日は終日航海日
お部屋担当クルーがバスタオルで動物などを作る「タオルアート教室」に参加したり
毎晩ベッドの上に置いてあります
ぞう
イカ
ショーが行われるシアターの裏側も見られる「バックステージツアー」に参加も。
スター気分の人
じーーん…
次、行くよー!!
最終日のショーは見ものです!クルーによる面白ショーが繰り広げられ、爆笑の渦です!
ワハハ
ワハハ
他の船でも最終日にはとっておきのショーがあることが多いのでお見逃しなく。
寂しいのはクルーとのお別れ。
特にレストランは席の担当クルーが決まっているので結構仲良くなるものです。
しかしーー
パルリ
パルリー
しーゅー
パルリ!
わたしらもいますけど…
I miss you!!
しーゃー!
こうなることが多いのでした。

多くの船では、最終日の夜のショーにクルーが総出で登場します。あいさつだけではなく、ショーを披露するクルーがいる場合もあるので、ぜひご覧になることをオススメします!

外国船　日本発着　大型船　プレミアム船

気取らずにクルーズの醍醐味をプリンセス気分で味わう

ダイヤモンド・プリンセス

Diamond Princess

SHIP DATA

全長	290m
全幅	37.5m
客室数	1353室
総トン数	11万5875トン
乗客定員	2706名
乗組員数	1100名
船籍	イギリス
船会社	プリンセス・クルーズ

DIAMOND PRINCESS

クルーズカード

DIAMOND PRINCESS
06/20/14 to 06/29/14
Muster Station: A
PRINCESS CRUISES
escape completely
MS
Dining Room: International
Time: 5:30pm Table: 78
3625
A

シックでかっこいいカード♡

くぼmemo

長崎の造船所で造られた日本生まれの外国船。プレミアム船で船内の施設も豪華。鏡割りやグラスタワーなど華やかなイベントが多く、人気があります。

料金	★★★★★
日程	★★★★★
航路の魅力	★★★★★
巨大度	★★★★☆
カジュアル度	★★★★★
食事	★★★★☆
日本語	★★★★☆

外国船では珍しくスリッパがあります
嬉しいサービス♡

広いクローゼット
バスローブもあります!

内側客室
ミラー効果?
広く感じる!!

豪華なアトリウム！
キラ
キラ
鏡割りの
樽酒

船尾からの眺め

シャンパンタワー!!

泉の湯に行くと飲める
おしゃれウォーター

ギャレーツアー

ふるまい酒に
集まる!!
ワイ

なぞの動物

シアターでは毎晩ショータイム！

釧路で
ノロッコ号に
のりました

今回の旅の費用

9泊10日／大人2人+子ども1人（3歳）
／内側客室

旅費（クルーズ代） 3人分＝	321,000円
お小遣い （寄港地での移動・寄港地・船内での買い物など）	約50,000円
各種税金（チップなど） 3人分	27,600円
合計	398,600円

日本国内の問合せ　プリンセス・クルーズ　https://www.princesscruises.jp/

コスタ ネオロマンチカの船内新聞からご紹介

必見! 船内新聞GUIDE

夕方から夜にかけて、翌日の情報が書かれた新聞が各客室に配布されます。
翌日の気候からイベントのお知らせ、お得な情報など、
クルーズ中に必要な情報がすべて掲載されています。

1ページ目 表紙

多くの場合、A3の紙を2つ折りにした全4ページの構成になっています。

PRINCESS PATTER
船内新聞「プリンセス・パター」
オフィサーの日誌

表紙には重要な情報がいっぱい!

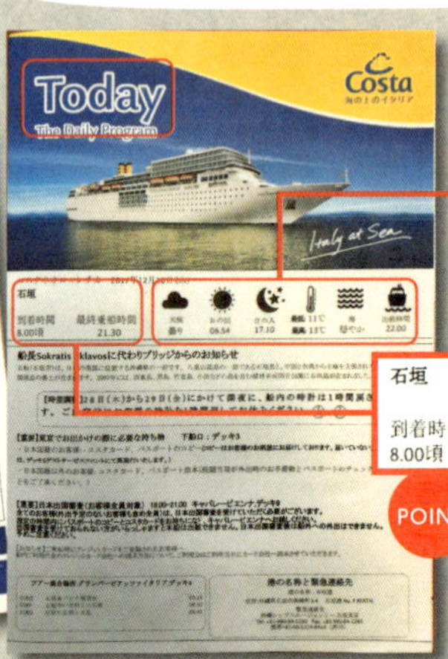

Today
The Daily Program
Costa
海の上のイタリア
Italy at Sea

POINT 海から昇る美しい日の出は必見! 船内新聞で時間をチェックできます。

天候
曇り
日の出
06.54
日の入
17.10
最低 11℃
最高 13℃
海
穏やか
出航時間
22.00

POINT 天気や気温をチェックして洋服やスケジュールを考えます。

石垣
到着時間 最終乗船時間
8.00頃 21.30

POINT 寄港地では船に戻る時間が重要! 船内新聞でしっかり確認を。

その他にも、時刻を変更するなど（時差調整）、
最も重要な情報は表紙に記載されます
チェック!

船内新聞の名前は船会社ごとに異なります。例えばコスタクルーズは「Today」、プリンセス・クルーズは「PRINCESS PATTER」です。

2、3ページ目 船内のイベントなどの情報

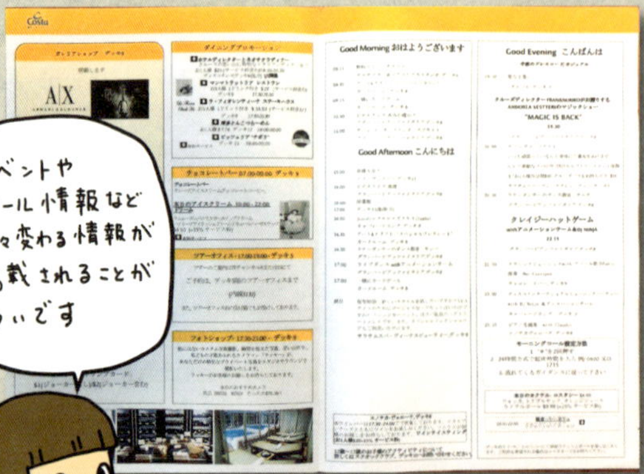

Good Morning おはようございます
Good Afternoon こんにちは
Good Evening こんばんは

イベントや
セール情報など
日々変わる情報が
掲載されることが
多いです

船内で行われるイベントやショップのお買い得情報、レストランでのドレスコードなど、船内で楽しめるものの最新情報が紹介されています。

4ページ目 裏表紙

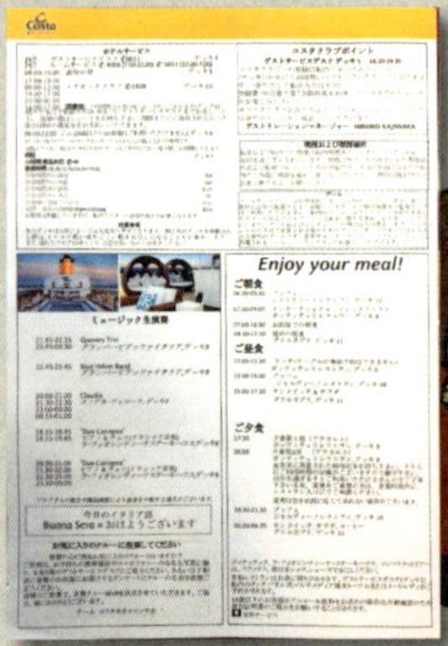

Enjoy your meal!

クルーズ中の
船内内線番号など
変わらない情報が
書かれていることが
多いです

裏表紙には、レストランのオープン時間や船内各所への内線番号などの基本情報が書かれています。

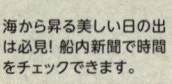

Cruise 3

クルーズを楽しみ尽くす！

図解！
巨大客船の内側

船内の快適な過ごし方

図解！巨大客船の内側

巨大客船の内側は、宿泊のための部屋だけではなく、エンターテインメント要素にあふれています。本当に船の上？と思ってしまう驚きに満ちています。今回は世界最大級の客船「ハーモニー・オブ・ザ・シーズ」を例に、船の内部を解剖します！

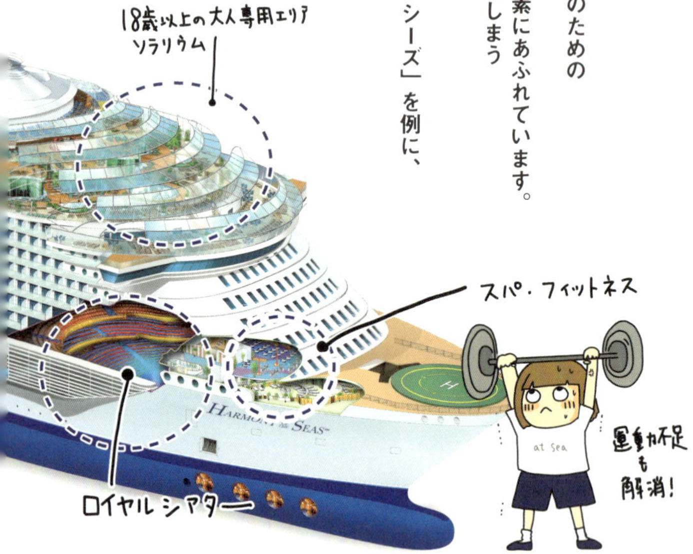

18歳以上の大人専用エリア
ソラリウム
スパ・フィットネス
ロイヤルシアター
at sea
運動不足も解消！

くぼこまきがビックリした
船内のオススメスポット
WOW！

① ロイヤルプロムナード

乗船すると眼前に広がる船内のメインストリートです。カフェやバーなども立ち並び、本物の街のようです！

② セントラルパーク

船内に本物の草木が植えられ、オープンエアでのんびり過ごすことができる公園。素敵なカフェもあり、入り浸っていました。

海の上だということを忘れてしまうような光景が船内に広がっています。寄港地では鳥たちがセントラルパークに遊びに来た時も。

スライダー！
ミニゴルフ
船上サーフィン！
アクアシアター
子ども用プール
メインプール
ウォーター
スライダー！
③ ボードウォーク
メインダイニング
① ロイヤルプロムナード
④ アイススケート
リンク
② セントラル
パーク
広いから
1週間でも
まわりきれない!!
at sea

世界最大級！

ハーモニー・オブ・ザ・シーズ

船の断面図

③ ボードウォーク

船内の遊歩道。スターバックスコーヒーや回転木馬まで！　オープンエアの明るい空間で、楽しく遊べます！

④ アイススケートリンク

フリースケーティングの時間もありますが、夜はプロのスケーターによるショータイムも楽しみ！

船上で
スターバックスの
コーヒーが!!

船内はとても広いので、なかなか客室にたどりつかず大変でした！
1週間以上乗船しても、施設を回りきれませんでした。

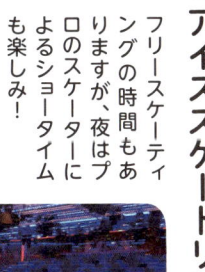

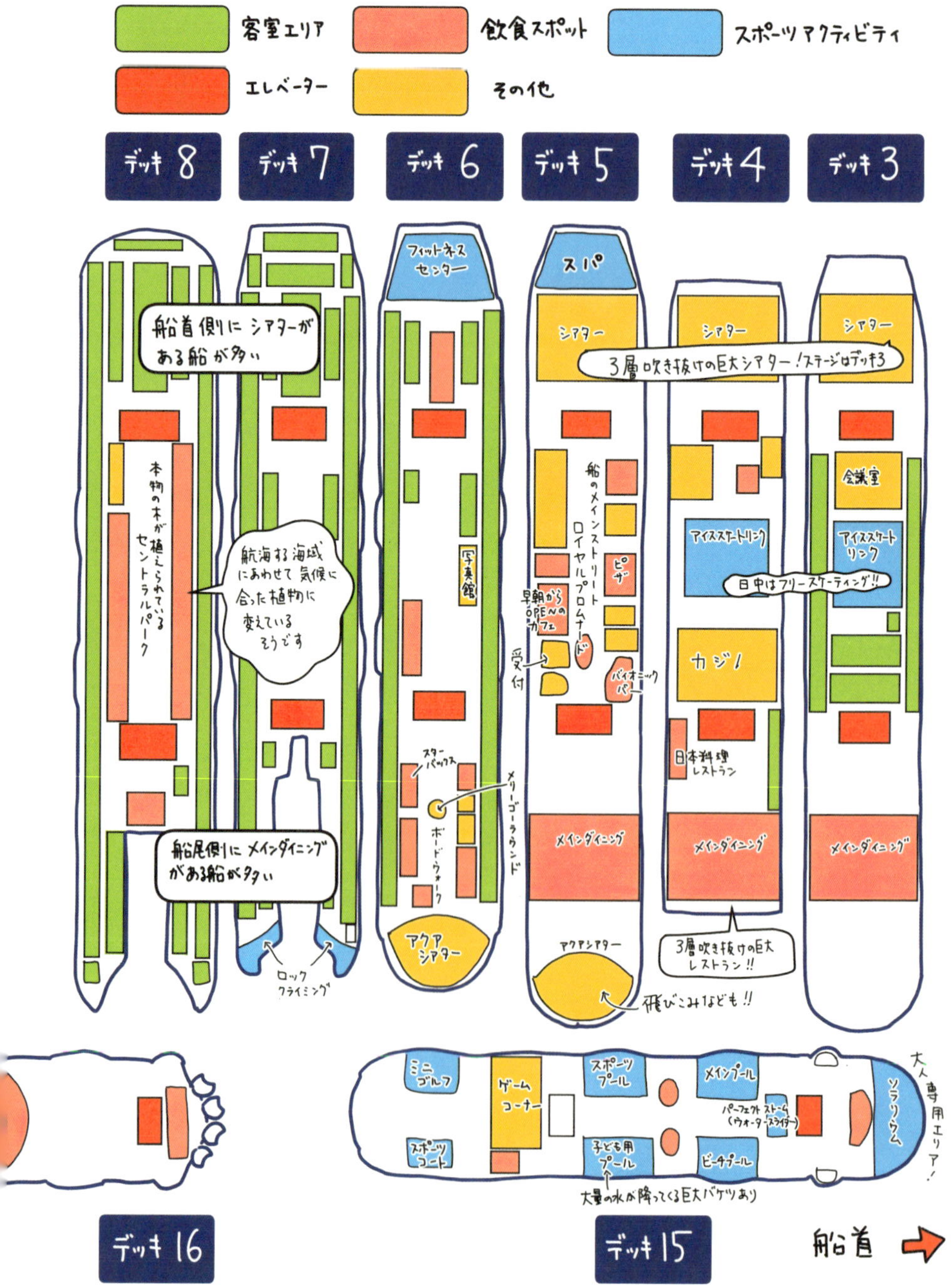

客室エリア
飲食スポット
スポーツアクティビティ
エレベーター
その他
デッキ8
デッキ7
デッキ6
デッキ5
デッキ4
デッキ3
船首側にシアターがある船が多い
本物の木が植えられているセントラルパーク
航海する海域にあわせて気候に合った植物に変えているそうです
船尾側にメインダイニングがある船が多い
ロッククライミング
フィットネスセンター
写真館
スターバックス
メリーゴーラウンド
ボードウォーク
アクアシアター
スパ
シアター
船のメインストリートロイヤルプロムナード
ピザ
早朝からOPENのカフェ
受付
バイオニックバー
メインダイニング
アクアシアター
飛びこみなども!!
3層吹き抜けの巨大シアター!ステージはデッキ3
アイススケートリンク
日中はフリースケーティング!!
カジノ
日本料理レストラン
3層吹き抜けの巨大レストラン!!
会議室
ミニゴルフ
スポーツコート
ゲームコーナー
スポーツプール
子ども用プール
大量の水が降ってくる巨大バケツあり
メインプール
ビーチプール
パーフェクトストーム(ウォータースライダー)
ソラリウム
大人専用エリア!
デッキ16
デッキ15
船首

ロッククライミングやサーフィンなど、未体験の方でもインストラクターが指導してくれるので、安心して体験できます!

世界最大級 客船

ハーモニー・オブ・ザ・シーズ

主な施設がわかる

船内MAP

船首
デッキ14
デッキ12
デッキ11
デッキ10
デッキ9
デッキ13はありません！海外あるある
ソラリウム
キッズアベニュー
わーい!!
船が接岸する時に左舷側につけることが多いので、お部屋からお見送りイベントが見られる時も
航路によって右舷側にビュースポットが多い時もあります
船が前後に長いので、エレベーター近くの客室は人気！
左舷
右舷
カードルーム
船尾
スイート客室専用レストラン＆ラウンジ
フローライダー（船上サーフィン）
ジップライン
アルティメットアビス（スライダー）
ビュッフェレストラン
フローライダー（船上サーフィン）
船尾
デッキ18
デッキ17

船尾の部屋からは航跡を眺めることができ、格別の美しさですが、
エンジンが付いているので、振動が気になる方もいます（私は気になりませんが）。

船内の快適な過ごし方

ラクチーン

動く豪華ホテルであるクルーズ客船。ただでさえラクな旅をすることができますが、ちょっとしたコツを知っていると、さらに快適に！

① 終日航海日編

船内を自由に楽しむ日！

船内新聞（P56参照）には、その日のイベントやレストランの情報などが書かれているので、やりたいことをプランニングします。

何をしてもOK！自由です！
船内新聞

ある日のスケジュール

	時刻	予定
朝	6	日の出
	7	カフェでコーヒー
	8	朝食
	9	パルリはキッズクラブへ
	10〜11	デッキでのんびり
	12	昼食
昼	13	ダンス教室
	14	ビュッフェでコーヒータイム
	15	ビンゴ大会
	16〜17	スパ
	18	ディナー
夜	19	ディナー
	20	ショー
	21〜22	ディスコパーティ
	23	映画
	0	星空観察
	1	バーで一杯

② 寄港日編

寄港地に到着した日も過ごし方は様々

①船のエクスカーションに参加する

船会社が用意するオプショナルツアー。交通機関や船への戻り時間などの心配がなく安心！費用が少し高め。

CRUISE
3
安心!!

②自由に観光する

自由にプランニングすることができるが、交通の手配や船への戻り時間の管理などを自分で行う必要があり、手間はかかる。

えーーっと…船にもどるには…
ママーだいじょうぶなのー?!

③船から降りない

寄港地に着いても船から降りない人も！寄港中の船内はガラガラ。船を思いきり楽しむ人もいます！

♪
のんびり〜

さて、3章では私がクルーズ旅行を楽しみながら身につけた知っておくときっと役立つ色々な情報をお教えします！

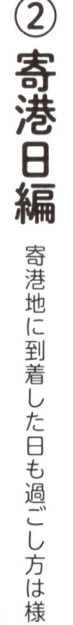

色々なレストランを楽しむ
船内には料金に含まれているレストランのほかにも有料のレストランやバーなどが沢山用意されています。
もりもり食べる！
朝昼晩、どの食事をどこで食べてもかまいません。
ディナーはメインダイニングで食べる方も多いですが、ビュッフェでも良いですし、食べなくても大丈夫。
おかしいな…食べられないはずなのにビュッフェに来ている…
はしごもOK
有料レストランのことをスペシャリティレストランといいます。
スペシャリティレストランではメインダイニングよりも食材のグレードが高いメニューを堪能できます。
たとえば熟成肉のぶ厚いステーキとか!!
ドーン！
料理の種類も様々です。和食や寿司が出るレストランもあります。
職人の技…
料金はカバーチャージになっていることが大半です。
これは、席の料金を支払えば、好きなものを好きなだけ注文できる仕組みです。
1人25～30ドルくらいで食べ放題！
たべたーい
意外とおトク♡
バーやカフェなどはゆったりとした空間になっていて、寛げます。
ぜいたく…
20以上のレストランを用意している船もあります。意外とお得な値段設定なので、優雅な食事を堪能するのも素敵です。
その時の気分にあわせて食事を楽しみましょう！
たべすぎ？

ドリンクについて
WINE
クルーズ代金に含まれない場合が多いのが「アルコール類」。お酒好きはドリンクパッケージを注文したほうが、お得になります。
極楽〜♪
ずーっと飲んでる人もいます…
飲み放題のパッケージもあれば、回数券式のパッケージもあります。
1日のみ飲み放題
乗船中ずっと飲み放題
5杯分のチケット
乗船してすぐに申し込むと「早割」のような割引プランがある時も。
1日飲み放題なら少しでも早い時間に申し込む!!
予約時に特典でドリンクパッケージが付いてくることもあるので、チェックしてみましょう。
旅行代理店によって特典が変わる時もあるので、チェック!!
レストランやバーで飲み物をオーダーする際、メニューにないものでも作れる時があります。
ノンアルコールモヒート
私たちはお酒をほとんど飲まないので、ノンアルコールカクテルやスムージーの相談をしますが…
たいてい作ってくれます。
トロピカルフルーツのスムージー
メインダイニングでディナーを食べる時に、テーブルが決まっている場合、ワインはボトルで注文すれば、ボトルキープもできます。
有料ドリンクで美味しいのはコーヒー類!
無料で出てくるものと濃さが違います。
うまい!!

船上で記念日をお祝いしましょう
1
船のスペシャルな雰囲気に
あわせて記念日を
お祝いすると
ステキな思い出になります！
おめでとうー！
例えば、パルリは1歳の
誕生日を船でお祝い
しましたが（P104参照）
ぱあぁっ!!
1
乗船した日に日本人クルーに
相談し、所定の日に手配して
もらいました。
おまかせを
グッ
また、申し込みの時に
アニバーサリーでの
乗船であることを伝えると
記念日で…
えーと…
カタカタ
部屋をアニバーサリー仕様に
飾ってくれる時もあります。
HAPPY BIRTH DAY!
誕生日ケーキなどを
レセプションでオーダーする
ことができる時もあり
1つ20ドルくらい
レストランでクルーたちが
歌いながらケーキを
持ってきてくれて
お祝いしてくれました。
HAPPY BIRTHDAY To You～!!
誕生日だけではなく、
結婚記念日などのお祝い事を
船上で行っている人も
います。
銀婚式なのよ
わぁっ！
嬉しいのは、クルーだけ
ではなく、他の乗客も
祝ってくれることです。
一生の思い出にもなる
クルーズでのアニバーサリー。
乗船のきっかけに
いかがでしょうか？

海の上だから見られる絶景！

船内新聞（P56参照）に日の出と日の入りの時刻が書いてあります。

船上で見られる最も美しい光景を見逃さないでください！

日の出の美しさは格別です。多くの乗客がデッキにやってきて、シャッターチャンスを狙います。

東の水平線がだんだんとオレンジ色に染まる様子は必見です。

逆に日の入りの時刻も必見。明るかった空がだんだんと濃紺に変わり、ゆっくりと太陽が水平線に沈んでいきます。

ぜひ一度はご覧ください！

そして、夜も見逃せません。街から離れた海上では、星が非常に美しく見えます。

月明かりが出ている日は海面を見ると、月の光で海に道ができたように輝きます。

街で暮らしていると決して見ることができない美しい景色をお見逃しなく！

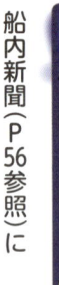

船内のあちこちでカメラマンが写真を撮るのはなぜ？
乗船するとすぐに
PHOTO〜！
と言いながら写真を撮るクルーがいます。
食事の時や
お、おっけー…？
PHOTO. OK？
パーティの時など、カメラマンが待ち構えています。
CAPTAIN'S NIGHT
キャプテンと写真が撮れる!!
撮られたら買わなきゃいけないのかな…
ドキドキ
隠れてる
という心配は無用です。
撮られた写真はプリントされたものが船内のフォトショップに展示されていて、気に入った写真があれば購入する仕組みです。
あった！
写真は日別・イベント別に掲示されているので見つけやすいです。
DAY 1 WELCOME PARTY
DAY 3 DANCE PARTY
DAY 5 CAPTAIN'S NIGHT
売れ残った写真は廃棄されますので気に入ったものだけ購入してください。
捨てられちゃうのはちょっとさみしいわね…
わかる〜！

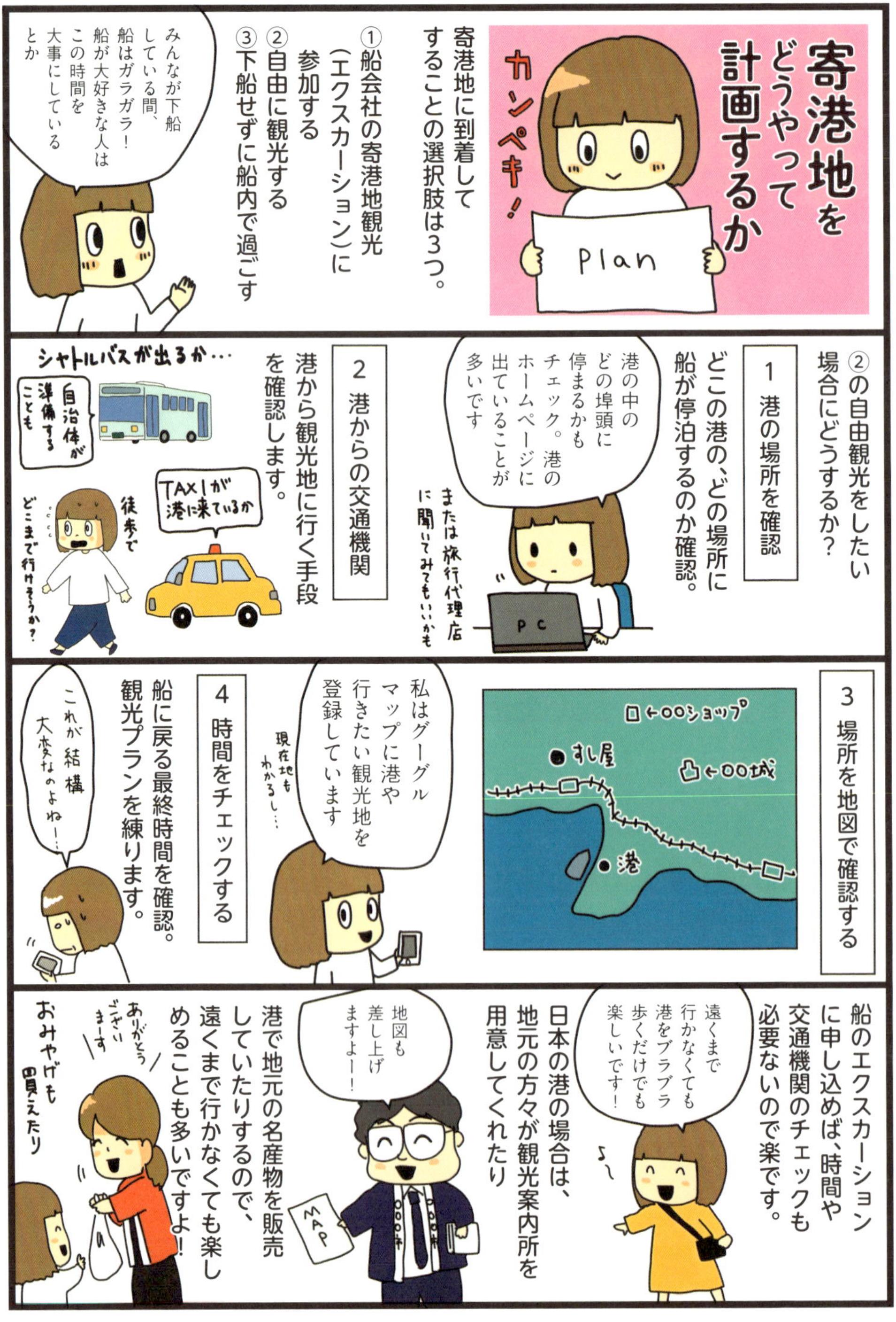

寄港地をどうやって計画するか
カンペキ！
Plan
寄港地に到着してすることの選択肢は3つ。
①船会社の寄港地観光（エクスカーション）に参加する
②自由に観光する
③下船せずに船内で過ごす
みんなが下船している間、船はガラガラ！ 船が大好きな人はこの時間を大事にしているとか
②の自由観光をしたい場合にどうするか？
1 港の場所を確認
どこの港の、どの場所に船が停泊するのか確認。
港の中のどの埠頭に停まるかもチェック。港のホームページに出ていることが多いです
または旅行代理店に聞いてみてもいいかも
PC
2 港からの交通機関
港から観光地に行く手段を確認します。
シャトルバスが出るか…
自治体が準備することも
TAXIが港に来ているか
徒歩でどこまで行けそうか？
3 場所を地図で確認する
←○○ショップ
すし屋
←○○城
港
私はグーグルマップに港や行きたい観光地を登録しています
現在地もわかるし…
4 時間をチェックする
船に戻る最終時間を確認。観光プランを練ります。
これが結構大変なのよね…
船のエクスカーションに申し込めば、時間や交通機関のチェックも必要ないので楽です。
遠くまで行かなくても港をブラブラ歩くだけでも楽しいです！
日本の港の場合は、地元の方々が観光案内所を用意してくれたり
地図も差し上げますよー！
MAP
港で地元の名産物を販売していたりするので、遠くまで行かなくても楽しめることも多いですよ！
ありがとうございまーす
おみやげも買えたり

旅慣れた人の荷物のワザとは！
日本発着クルーズの場合、自宅から荷物を客室まで送ることができるので…
家から身軽に旅行に出かけられます！
コドモもラクちん
もちろん、行きだけではなく帰りも宅配便で送れるので本当に楽々です。
荷物は部屋の前に送られてくるのですが…廊下にはスーツケースだけではなく
ダンボールも見かけます！
ダンボールはおみやげも詰め込みやすいのと…
ひっこしセンター
たたむと薄くなるので、ベッドの下などにしまいやすいのも利点です。
ひっこしセンター
帰りの荷作りのためにガムテープも忘れずに!!
下船準備の注意…！
特に大型船の場合、下船日の前日深夜までに荷造りをすませる必要がある場合が多いです。
ダンボールだと荷造りも楽です。
ホイ ホイ
さっさと済ませましょ
ホイ
夜のうちに荷物を廊下に出しておきますが…
よし！
翌日着る洋服もしまっちゃって、パジャマで下船することになる人も…
たまにいるので注意して下さいとクルーが言っていました…
こんな人も…
飛行機に乗らないから重量制限ないじゃない？
だからシャンプー・リンスも普段使ってるボトルのまま持ってきちゃう！
たしかに詰め替えいらなくてラクかも…

子どもが外国船に乗る時の注意
キッズクラブがある船に乗船する場合、3歳以上であれば一人で預けられます。
ママ、バイバーイ
おそくむかえにきてね
おいっ
アレルギーがある場合キッズクラブの登録の時にアレルゲンを伝えます。
She has an allergy to Peanuts
（ピーナッツアレルギーがあります）
OK!
また、子ども本人が話せたほうがいい英語は、自己紹介と簡単な要望です。
言えたほうがいい言葉
I like ~
I'm Paruri.
I want to~
I'm 3 years old.
言えなかったらどうするか?
首からぶら下げているクルーズカード入れに必要事項を親が書いてあげるといいと思います。
NAME PARURI 3 YEARS
トイレは「トイレ!」と叫べば通じますし、
May I go to the bathroom?
ていねいな言い方
ジェスチャーでも大丈夫です。
ト‥トイレー‥
レストランでは赤ちゃんや子ども用の椅子があることも多いです。
ハイチェアと言えば通じます。
ハイチェアプリーズ!
OK!
夜は万が一に備えておねしょズボンを持っていくといいと思います。
お守り
ズボンに吸収体が入っている
さらに防水加工

広い船内で迷子にならないコツ
Where?
大型の船になると全長300メートルくらいになり…廊下を見ても
同じデザインのドアが並ぶ!!
果てがみえない!!
乗船して数日は必ず
どこ
どこ?
こんな人たちを見かけます。
ママー
迷わないコツとしては、まず船の前方・後方がどちらかを把握すること。
エレベーターホールには案内図があります。
後ろか
前か
← BACK
FORWARD →
え――っと…
また、行きたい施設が船の前部か中央か後部、どこにあるかを確認します。
レストラン…
シアター…
アトリウム…
船内の地図にあたる「デッキプラン」を確認しながら歩くと迷いにくいでしょう。
ダイヤモンド・プリンセス
客室番号は、多くの場合偶数が左舷側、奇数が右舷側と左右に分かれています。
前
偶数
奇数
左舷
右舷
後
例えば客室番号が偶数だったら左弦側なので、まずは船の前後を確認し、前方に向かって左側の通路を歩けばたどり着きます。
それでも迷う私です…
どこだっけー…

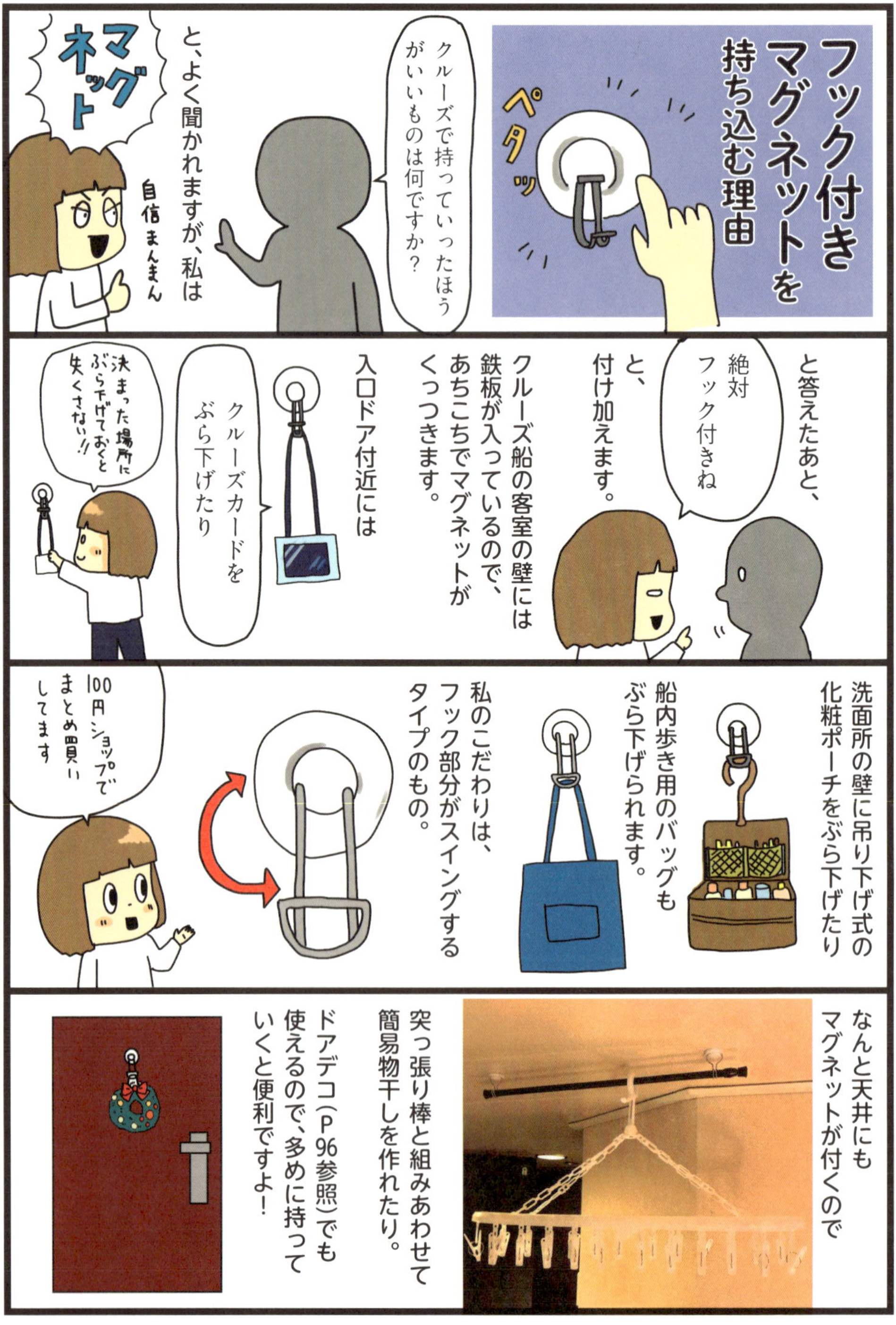
フック付きマグネットを持ち込む理由
ペタッ
クルーズで持っていったほうがいいものは何ですか?
と、よく聞かれますが、私は
マグネット
自信まんまん
と答えたあと、
絶対フック付きね
と、付け加えます。
クルーズ船の客室の壁には鉄板が入っているので、あちこちでマグネットがくっつきます。
入口ドア付近には
クルーズカードをぶら下げたり
決まった場所にぶら下げておくと失くさない!!
洗面所の壁に吊り下げ式の化粧ポーチをぶら下げたり
船内歩き用のバッグもぶら下げられます。
私のこだわりは、フック部分がスイングするタイプのもの。
100円ショップでまとめ買いしてます
なんと天井にもマグネットが付くので
突っ張り棒と組みあわせて簡易物干しを作れたり。
ドアデコ(P96参照)でも使えるので、多めに持っていくと便利ですよ!

船内のプールに行く時に水着はどこで着替えるのか？
クルーズ船といえば水着を着てプールで遊ぶイメージ…
水着はどこで着替えるのだ？
プールのそばに更衣室があると思っていたのですが
無いのです。
エレベーターの扉が開き、水着の女性が出てきた時も。
Hi!!
チーン
水着？
水着は客室で着替えてOKなんです！
船内を歩く時には水着を着た上にTシャツや短パンを羽織って！
I ♥ CRUISE
私はダボッとしたTシャツワンピ
＋
ゴムのサンダル
デッキに行くと、プール用のタオルもあります。
ポイッ
使い終わったタオルを入れるところもあります。
ただし、クルーズカードは常に持ち歩く必要があるので、防水のケースに入れると良いです！
首から下げられる
カード
デッキチェアも自由に使えるので、
クルーズカード以外はチェアの上に置いている人が多いです。
気軽に楽しみましょう！

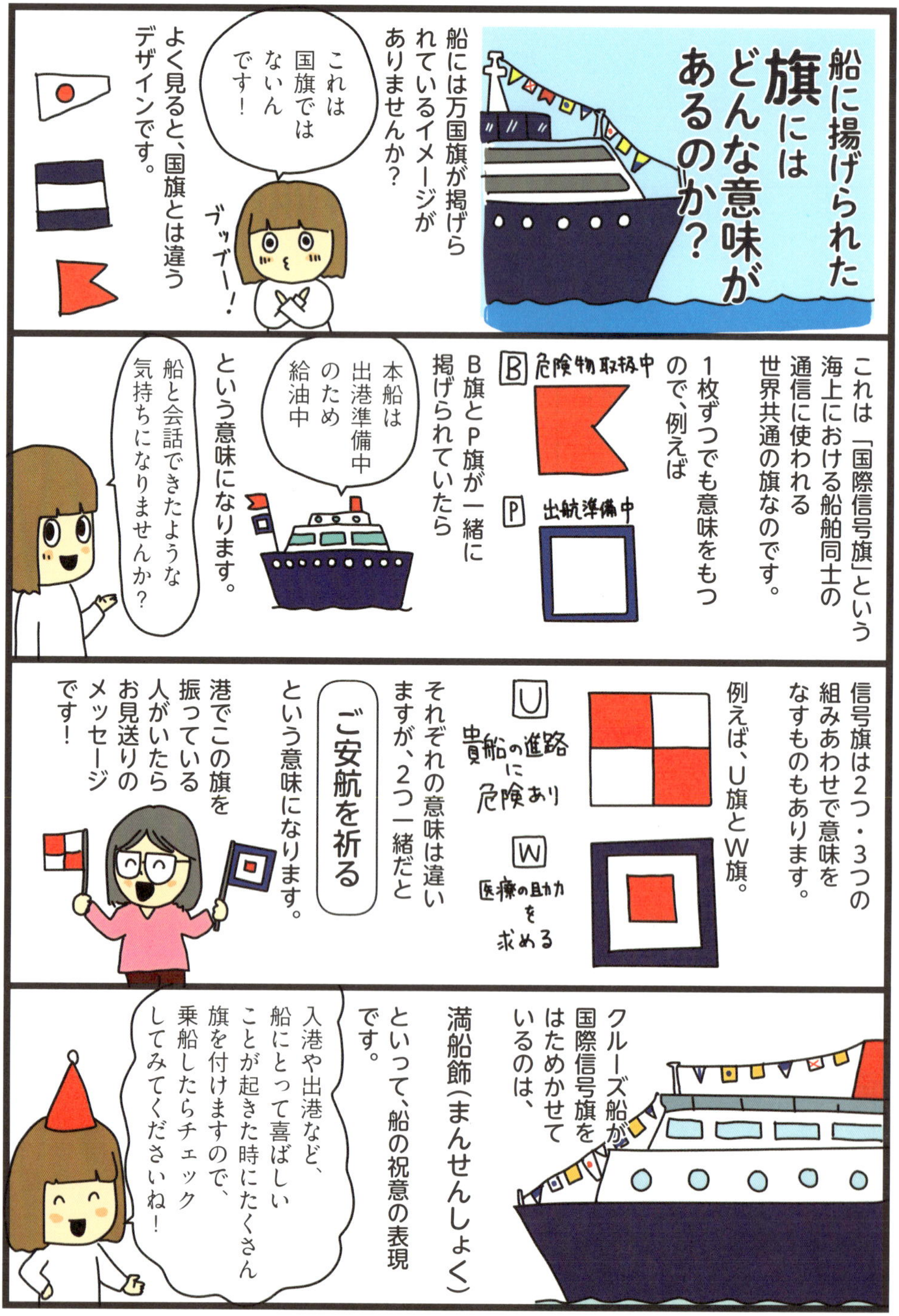

船に揚げられた旗にはどんな意味があるのか？
船には万国旗が掲げられているイメージがありませんか？
これは国旗ではないんです！
ブッブー！
よく見ると、国旗とは違うデザインです。
これは「国際信号旗」という海上における船舶同士の通信に使われる世界共通の旗なのです。
1枚ずつでも意味をもつので、例えば
B 危険物取扱中
P 出航準備中
B旗とP旗が一緒に掲げられていたら
本船は出港準備中のため給油中
という意味になります。
船と会話できたような気持ちになりませんか？
信号旗は2つ・3つの組みあわせで意味をなすものもあります。
例えば、U旗とW旗。
U 貴船の進路に危険あり
W 医療の助力を求める
それぞれの意味は違いますが、2つ一緒だと
ご安航を祈る
という意味になります。
港でこの旗を振っている人がいたらお見送りのメッセージです！
クルーズ船が国際信号旗をはためかせているのは、
満船飾（まんせんしょく）
といって、船の祝意の表現です。
入港や出港など、船にとって喜ばしいことが起きた時にたくさん旗を付けますので、乗船したらチェックしてみてくださいね！

Cruise 4

日本船の
魅力を感じた
ショートクルーズ

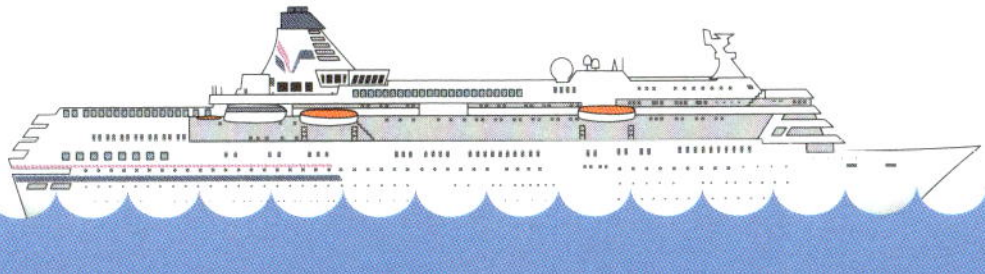

ぱしふぃっく びいなす

Pacific Venus

人に「国籍」があるのと同様に船にも国籍があります
ワタシイタリア!
わたしイギリス
ワタシパナマ
わたしシンガポール
それを「船籍」というのですが…
実は私たちファミリー全員日本船籍のクルーズ船は未体験…
すごーーく乗ってみたいんだけど…
うーむ…
何が問題なの?
まずは、値段
さらに敷居が高いイメージがあって…
海風に乾杯
こういうお金持ちのお客様が多くて
ママ、たんこぶできたー!!
わーーーん
だっ、大丈夫?
うちみたいな騒がしい一家は雰囲気合わないような…
我が家がよく乗るのは、日本発着の外国船籍のクルーズ船なのですが…
外国船籍の船が日本発着クルーズをする場合、必ず外国の港を1つ以上経由する必要があります。
コルサコフ
釜山
台北
近場の外国にタッチして日本に戻る
だからどんなに短くても1週間くらいの旅になっちゃうよね?
そっか!日本船籍のクルーズ船だったらそのルールがないのか

1泊あたりの値段が外国船より高いけど…
外国船（カジュアル船）
1.5万／日 × 7日＝約10万
日本船（プレミアム船）
3万／日 × 3日＝9万
外国船は最低でも旅費が7日分はかかるところが日本船だと2・3日分くらいでもいけるのか！
日数は少ないけど、クルーズ旅行1回分として価格は同じくらいでは？
妙な迫力
は、はい…
理系の夫が数字で攻めてきました。
思い返せば、クルーズにハマったきっかけは、飛鳥Ⅱの体験乗船会に行ったことだったなあ…
キラ
キラ
ギョギョッ
最高に良かった
しみじみ思いかえす…
そこで早速日本船を調べてみると
クリスマス キラキラクルーズ
ぱしふぃっく びいなす
これ、いい！
PC
2泊3日で手頃な価格…
クリスマスを船上で過ごせる。
クリスマスの準備もしなくてヨシ…
そして…
妄想
フヒヒ
先日、パルリが暗い顔で
8歳
ママ…クリスマスに家から出たい…
なんて言うので、
どんより
な、なにかあった？
い、家出？
と聞くと
知らない人（サンタ）がおうちに入って来るのが嫌だと…
くかー
だから、クリスマスの日は外にいたいの！
大丈夫だよ。クリスマスの日は家から離れようね！
通訳＝クリスマスクルーズに行こうね！
わ〜ん

船中3泊程度のショートクルーズの場合だと、10万円以下のツアーもあります。

というわけで！ぱしふぃっく びいなすに乗船するために横浜港へ！
よっしゃー！
おっ！来た！
小さいショルダーバッグのみでレギュラーメンバーの義父母が身軽に登場！
おまたせ〜！
自宅から客室まで、荷物は配送依頼できるのです（有料）。
自宅
行き
帰り
船
今回乗船するぱしふぃっく びいなす
乗客乗員 約900名
フレンドリーなサービス
日本船籍
大阪に本社がある日本クルーズ客船が運航
2万6594トン
183.4m
今まで乗船した船の中では最も小型。
航路は2泊3日なので、四日市に寄港するだけ。
12/24・26
横浜
12/25
四日市
今回の航路
期間は短くとも、クリスマスを思い切り楽しく過ごそうと乗船口へ向かいましたが
早く行かなきゃ!!
一番が大好きな義母がダッシュ！私たちも大慌てでついていきました。
70代
まって下さ〜い
いよいよ乗船…！ すると
Merry Xmas!!
いらっしゃいませー
めっちゃ 明るい！

外国船に慣れた私には普通の日本語がカルチャーショック！
に、日本語！
いらっしゃいませ!!
フル
フル
あちらこちらにクリスマスの飾りがありますが…
アトリウムのゴージャスさがすごい！聖歌隊の歌も素敵で雰囲気抜群！
部屋に荷物も届いていたので先に荷ほどきすることに。
今回は海側客室。開かない窓がついたお部屋です。
3人部屋なのでソファーがベッドに

スーツケースが船内に入る際に、空港と同様の検査があります。
危険物と思われるものが入っている場合は、確認できるまでお部屋に荷物が届きません。

机に船内新聞が置いてありました。
Lighthouse
20th
日本語!
Lighthouse
20th
当たり前ですが、中身はすべて日本語！
そして親切！
予定だけではなく…
ドレスコードについて…
翌日の寄港地情報…
おみやげについて…
盛りだくさん
かってないわかりやすさ！
ガイドブックのように親切…
これあったら、何にも心配なくなるよね
母国語での説明のわかりやすさやっぱり半端ないです。
全員参加の避難訓練の後
子ども用の救命胴衣
いよいよ出航！乗客がデッキに集まります。
どうぞ！
デッキではケミカルライトを配布。
大さん橋ではこの日飛鳥Ⅱも同時間に出航予定で、日本船が揃い踏みです

船内は深夜遅い時間までイベントが開催されていてとてもにぎやか！
船内新聞を見て一日のスケジュールをしっかり立てましょう。

外が暗くなっていく中、
ケミカルライトの光が美しく
輝くのがとても綺麗！
デッキでは生バンドの演奏とともに
シンガーの歌も入り、盛り上がります。
シャンパンやジュースも
配られ、デッキはお祭り騒ぎ。
冬なので、
ホットコーヒーも
あったのが
嬉しかった…
さすがの気配り！
クルーも着ぐるみを着て
みんなを笑わせてくれます。
クルーと一緒に踊り出す方達も。
思い思いに出航の時間を楽しんでいました。
にぎやかな旅のはじまりです！
一度お部屋に戻って荷ほどきの続き。
ドアデコ（P96参照）もつけました。
クリスマスオーナメントがなかったので、
正月っぽいお飾りを。

船内の内装も、クルーの衣装もクリスマスシーズンのもので、とても華やかで子どもも大喜び！
もちろんクリスマスクルーズ限定のものですが、シーズンごとに変わる装いも、次のクルーズの楽しみです。

クリスマスイブの今宵はインフォーマルデー。みんなおしゃれしてメインダイニング「プリマベーラ」に。
いらっしゃいませ！こんばんは
レストランは外国人クルーが多いのですが日本語がみなさん上手！
出航の時、お寒かったでしょう？
ぬくい日もあるけどねー
師走ですもんね～
完全に日本人の会話…
テーブルセッティングもクリスマス仕様。ナプキンで作ったキャンドルがカワイイ。
外国船だとメニューに沢山のお料理があって、その中から好きなものをオーダーするのですが…
ステーキとロブスターとオニオンスープと…
OK OK
ぱしふぃっく びいなすではコースのメニューが決められていました。
うちのパパさんはコースが決まってた方がいいわよね！
メニューがいっぱいあると選ぶのにすっごい時間かかるのよ！
ダイジョブーユックリでオーケーよー
えーとえーと
イライラ
はやくっ!!
だいたいあなたはねいっつもいっつもゆっくりしてて
ガーガー
ハハハ
あ!! お料理来ましたー!!
タンマです!!

クリスマスディナーのメニュー
インカのめざめとプロシュートの冷製クロケット
前菜3種
蕪と百合根のポタージュ
海の幸のブイヤベース風
お口直しのシャーベット
コーヒー
デザート
見た目も美しいです。
だ、大丈夫？
メインのステーキを食べていると
うっ、うっ…
う……
夫がうなり、震え出しました。
うますぎる…
ドテッ
軟らかくて、本当に美味しいステーキでした…。
もう一つ感動したのはアレルギー対応。
娘の食物アレルギーを予約時に伝えたら紙を渡されました。
この紙を食事の時にクルーに渡すようにとのことでしたが…
番号が書かれた札が娘の席に立てられました。
20
サービスする側にとっては誰に特別な配慮が必要かがわかります。
20
美味しいだけではなく、安心して食べられる仕組みなど本当に感心しました。
日本船ならではの丁寧な対応ですね！
食事をしていると…音楽が流れ始め…
サンタが現れました！
HO-
HO-
シャン
シャン

サンタ率いるクリスマスな一同がレストランを行進しています。
ホーホー
サンタに少し恐怖を感じているパルリともハイタッチ！家では体験できないクリスマスでした。
ディナーの後はショータイム！
びいなすクリスマスミュージカル
サンタの落とし物 ～不思議な鈴の物語～
サンタクロースと息子の物語…
アクロバット妖精
歌うま妖精
クリスマスの有名な曲がたくさん流れるので、雰囲気バツグンでした。
ショーは終わった。寝る前に行こうじゃないか！
？
メインダイニングでの夜食に！
やったー！
フルーツ・巻き寿司
たべたーい
いなり寿司・サンドウィッチ
そして…
たべたーい

正油ラーメン！
食べたーい！
わたしも
夜中のラーメンってなんでこんなに美味しいのかな…。
手軽に食べられるものがチョイスされ美味しかった…
部屋に戻り、寝る前の準備。客室にシャワーは付いていますが
↑我々の客室はシャワーのみ
ぱしふぃっく びいなすには大浴場があります！
広々とした大浴場。窓が付いていて夜の海を眺めながら湯船に浸かることができます。
やっぱり、お風呂は最高！
外国船にはほとんど無い日本船ならではの施設です。
あったか〜
楽しい一日が過ぎ、体もココロもホカホカ。ゆっくりと休みました…
ぐが〜っ
2日目　四日市(三重県)
朝7時。船内ダッシュでデッキに向かいます。
ダッシュする目的は…
ダッシュ
日の出です！
水平線から昇る太陽が海の色を染めていきます。特別な瞬間をぜひ見て欲しいです。

朝食は洋食もありますがやっぱり和食！和食はウェイターが持ってきてくれます。
オハヨウゴザイマス！
テキパキ
おはようございます
旅館のような和食…
すごく美味しかった…
外国船では見られない食事です。
品数豊富なビュッフェもあり、和食と一緒に食べることができます。
品数多くて楽しめます
満腹になったところで、本日のスケジュール。
うまかった…
四日市は2度目の寄港。
前回は「なばなの里」に行ったのですが…（P26参照）
昼じゃなくて夜のイルミネーションが人気!!
というわけで、夜に「なばなの里」に行ってみたい…
午前中はエクスカーションで「関宿《せきじゅく》」に行ってみるか…
イルミネーション点灯が17時。夕食が18時45分だからそれまでに戻れるか？
8:00
エクスカーション
関宿《せきじゅく》観光
12:00
船内で休憩
15:30
移動
17:00
なばなの里
18:00
船で夕食
まあ、見切り発車でまずはエクスカーションの関宿観光ツアーに参加です。
楽しみ〜！

関宿は江戸時代に東海道の宿場町として栄えた町です。
今もなお歴史的な町並みを残しており、環境が守られています。
関宿の案内役は創業300年を超える和菓子屋のご主人服部さん！
どうも
私、服部半蔵の子孫なんです
えーっ?!
アニメと混ざって別のモノになってますよ
ニンニン…
ぱぁぁ…
昔の佇まいを残した町並みを歩いていると、宿場町を行き交う江戸時代の人々と一緒に歩いているかのような錯覚が…。
建物のあちらこちらに環金具が。
これ何？
ここは長い道中を旅する人が多い宿場町。牛や馬は車がなかったこの時代には荷物運びのパートナー。
ちかれた～
そのパートナーが休憩する時に、ココにつないでおくのです。
ここにつながれていた牛さんや馬さんどんな子たちだったかな…
時代を超えた想いにふけるパルリでした。

船に戻ってきてから、ランチを食べて一旦解散。
シーザーサラダ
コンソメスープ
ビーフストロガノフ
義父母は部屋で食後のお昼寝です。
私たちはそのままオープンバーに行き、アフタヌーンティーを楽しみました。
食べてばかり…
実はムース系のケーキがあまり好きではない私なのですが
あーん
あらら? 好きではないというか…
すごく、美味しい
すみませんでしたっ
?
美味しくないと思い込んでてスマン!
さて、17時にスタートするなばなの里のイルミネーションを見るために
15時30分に船の前からタクシーに乗りましたが…
TAXI
この日が12月25日だということを忘れていました…
こっちガラガラ
プップー
ブーー
なばなの里
17時のイルミネーションスタートに間に合うか?
えー!!

運転手さんも焦り始めましたが…
休
休
休
ドキ
ドキ
ドキ
ドキ
ドキ
時間前に到着！
良かったです〜！
ホッとされてました。
ありがとうございます〜!!
17時いちょっと前
はぐれないように！
わらわら
はぐれ歴多数
すごい人数です。
17時ぴったりに鐘が鳴り…
園内のイルミネーションが一斉に点灯しました！
ポッ
ポッ
わあーーっ
ポッ
あちこちから歓声が上がります！
特に人が集まるのが光のトンネル「華回廊《はなかいろう》」。
全長200メートルの圧倒的なスケール感！

クリスマスのこの日。お客様の多くがカップル。
みんな自撮りしてキラキラカップル写真を撮影している中…
ディナーの時間を気にして
すみません すみません
トンネル内の隙間を縫いながら通り抜けます。
全部のトンネル通ったどー!!
早くバスに乗ろう!
帰りはバス・電車を乗り継いでギリギリで船に到着。
何とかやり終えた!
フラ フラ フラ〜
今日1日で3日分くらいの忙しさだったわね
すみません…
だんどり悪くて…
違う違う!
2泊とは思えない充実ぶりってことよ!
うるうる…
寄港地での時間の使い方も工夫次第です!

最後のディナーは豪華和食。
デザートは、かわいいいちご大福。食べている時、
俳句、思いついたよ！
クリスマス うちより クルーズ らいねんも
パルリ本心の句
俳句が趣味の義父が教えているのですが…
季語などはないのが特徴。
上手ー
夜食
この日はとろろこんぶうどん
うまい…
あんなに食べたのに…ペロリ…
さて、旅が終わる前の日にすることが。それは…
ランドリー
洗濯！
長期クルーズもあるので、ランドリーが併設されている船も多いのです。
①洗いから脱水まで済ませて
②乾燥機に移します。
洗い上がりの残り時間が表示されるので、時間通りに引き取りに行きましょう！
ぱしふぃっくびいなすはランドリーが無料で利用できます！

ぱしふぃっく びいなすのランドリーには、洗剤・柔軟剤・アイロンまでもが用意され、無料で利用できました。

洗いあがった衣類はそのまましまえるので、家に帰ったら楽！
でも…
クルーズで洗濯する時は最終日の夜だから…さみしくなるなあ…
夜が明けて…。
朝食はもちろん和定食！
心して食べなさい
こんな朝食は家ではムリだから
そだねー
さて、朝食の後は、お楽しみの
ビンゴ大会！
着ぐるみを着たゆかいなスタッフさん♡
会場のホール最前列にビンゴへの情熱に燃える人が…
ゴゥ
ゴゥ
外国船のビンゴは現金が当たったりするのですが、この船ではオリジナルグッズがプレゼントに。
おめでとうございます！
なので、ものすごく沢山の人が賞品をもらえます。
オリジナルグッズ
note
いっぱい
そして、なんと。
あ…
ビンゴ

賞品をもらえました…！
VENUS
タオル→
クリアファイル→
VENUS CRUISE
初めて当たりました！
いいなー
下船まで時間があったのでスポーツデッキで鬼ごっこをしたり。
まってー
義父母はスポーツジムで運動をしていたそうです。
ブルブルマシンやジョーバも!!
おっとっと
ブル
ブル
ブル
オープンバーではソフトドリンクも無料でサーブしてくれます。
本当に気持ちがいい空間です。我が家のようにくつろげます。
最後に一番驚いたのは下船の時。
オモチイタシマス
え？
ゴロ
ゴロ
私たちと一緒に船から出て…！
なんと下船口まで運んでくれました。
ありがとう ありがとう
感激しました！
旅の後も体力消耗が少ないのがクルーズ旅。
日本船 次に何乗るか ミーティングしましょ！
これからすぐに!!
わーい♪
早いよー

荷造りの際、壊れやすいものがあれば、手荷物で運ぶようにしたほうが安全です。

日本船 | 日本発着 | 小型船 | プレミアム船

我が家や別荘のように。居心地のよいフレンドリークルーズ

ぱしふぃっく びいなす

Pacific Venus

SHIP DATA

全長	183.4m
全幅	25.0m
客室数	230室
総トン数	2万6594トン
乗客定員	620名
乗組員数	220名
船籍	日本
船会社	日本クルーズ客船

PACIFIC VENUS

両面たのしめる!!

オモテ　ウラ

クリスマス キラキラクルーズ
PACIFIC VENUS
PASSENGER
Venus Cruise
ROOM No. 668
NAME
SEX F
EMBARK Dec. 24. 2016 YOKOHAMA
DEBARK Dec. 26. 2016 YOKOHAMA
ID-No. 03245
LIFEBOAT No. 4
Venus Cruise
PARTICULARS OF VESSEL
PACIFIC VENUS
Japan Cruise Line

クルーズカード

くぼmemo

大阪の船会社が運営するカジュアルで明るい雰囲気の日本船。小型の船ですが、充実した設備が揃っています。日本船ならではのサービスと和食の美味しさが嬉しい!

料金	★★★☆☆
日程	★★★★★
航路の魅力	★★☆☆☆
巨大度	★★☆☆☆
カジュアル度	★★★★★
食事	★★★★★
日本語	★★★★★

いってきまーす!

横浜ベイブリッジの下をくぐる!

ドキ
ドキ

今回泊まった客室

3人で泊まったのでココにあったソファーをベッドにしてくれました。

ツリーなど船内のクリスマス用の装飾は、クリスマスクルーズ限定の特別なもの。
時期によって、船内装飾やクルーの衣装が変わるのも楽しみのひとつです。

3層吹き抜け！
キラ
キラ
エントランスロビー

四日市のゆるキャラ
船内に来た！
こにゅうどうくん

日の出もバッチリ
たまごの黄身…
にみえた…

船内のメインストリート
プロムナード
SHOP
キラ
キラ

オープンバー「ウインドオブメコン」
でアフタヌーンティー
すごく美味しかった
ケーキ（P88参照）

ランドリー

和朝食

スポーツデッキ
わあい!!

今回の旅の費用

2泊3日／大人2人＋子ども1人（8歳）
／海側客室

旅費（クルーズ代） 90,000円×2人＋67,500円＝	247,500円
お小遣い （寄港地での移動・寄港地・船内での買い物など）	約25,000円
寄港地ツアー代金 6,000円×2人＋5,500円＝	17,500円
合計	290,000円

プールとジャグジーでゆったり過ごす！

日本国内の問合せ　日本クルーズ客船　https://www.venus-cruise.co.jp/

ドアデコのススメ

クルーズ通はやっている

ろうか、長すぎっ!!
要するに、自分の部屋の目じるしがあるとイイってことだね

クルーズ船に乗るとドアに色々なモノを飾り付けている客室を見かけます。ドアデコレーションを略して「ドアデコ」と呼ばれていますが、なぜこのようなことをするかというと…

ちょっと遊びゴコロをプラス！ ドアデコってこんな感じ

530
8347
5688
DAY 7 MAY.1
Today, we go ashore Castaway Cay. Maybe.. we'll be completely exhausted from playing with water!! :)
Bon VOYAGE
10121
ドアは鉄製なのでマグネットフックがあると簡単にドアデコできます
ペタッ
船内新聞やお手紙がはさめるところに差し込む方法もあり

Cruise 5

フライ&クルーズでハワイ4島をぐるっと満喫

プライド オブ アメリカ

Pride of America

海外旅行の定番「ハワイ」。
ハワイにどんなイメージをお持ちですか?
芸能人がバカンス…
常夏のビーチ…
お買い物三昧…
といったように、都会的なイメージがありませんか?
私の初ハワイ旅行は…
プライド オブ アメリカ号に乗船し、ハワイ4島巡り!
手付かずの大自然が残るハワイの魅力をまるごと味わいました!
PRIDE OF AMERICA
今回のメンバーは
ハワイって言ったら、絶対お買い物よね!
うず うず
と典型的なハワイのイメージから抜け出さない義母と
俳句が趣味の、のんびりした義父。
ハワイの海で一句。
ブルーハワイ ハワイの海とは 別物だ
そしてこの時ちょうど1歳の誕生日を迎えた
娘のパルリ。
1さいのポーズ
初海外。初クルーズ…。

今回の旅はホノルル発着クルーズ！
マウイ島・ハワイ島・カウアイ島といったハワイの島々を巡るコースです。
ハワイ4島
周遊クルーズ
今回の航路！
カウアイ島
オアフ島
ホノルル
ナウィリウィリ
マウイ島
カフルイ
ヒロ
コナ
ハワイ島
ホノルル
↓
カフルイ
（1日停泊）
↓
ヒロ
↓
コナ
↓
ナウィリウィリ
（1日停泊）
↓
ホノルル
今回のクルーズで初めて挑戦したこと
それは自力で予約すること！
仕事より熱心。
カタ
カタ
カタ
希望通りの旅を最安値で楽しむべく、夫が頑張りました。
まずは「バシネット席」！
エコノミークラスの最前列に赤ちゃん用のベットを付けられる席があるのです。
この時は飛行機とクルーズをそれぞれ予約して
船の部屋も希望の位置を押さえられた！
旅行代理店のツアーより安くなった！
…と喜んでいたのもつかの間…
ピキッ
なんと、予定した日の「前日」にホノルルに到着することが直前に発覚！
え…？
あわててホテルを予約することに…。
危なかった…
HOTEL
個人手配の良い点と、危うい点を同時に体験…
みんなシラーっ…
いやー！直前に気づいてラッキー！
前泊をした後…
無事にクルーズターミナルへ！

飛行機に乗る時、体重10kgくらいまでの乳児は、バシネットという壁に取り付けられるベッドに寝かせることができます（無料、数量限定）。

首にレイを掛けてもらうとハワイ気分！
テンション高まります！
ALOHA
ぱぁぁ…
アロハ～
ハワイではもしもし電話でごあいさつ
ハワイで一句…
いいからっ!! 早く船に入りましょ
義母は負けず嫌い。一番に乗船したいのです…
いそげ！
パルリは1歳だったのでベビーカーで乗船しました。
あら、ちょっとだけ段差が…
船内はバリアフリーなので車いすで乗船されている方も多いです。クルーも対応は慣れていて…
ギャングウェイ（乗下船するタラップ）に少しだけある段差も
ほんの少し
クルーがすぐにやって来てヘルプしてくれました。
ありがたや～
以前、車いすで乗船されている日本人の方とお話しした時に
車いすになってからクルーズ旅行にハマったのよ！
とおっしゃっていましたが、
そのありがたさを実感しました。
うん
うん
さて、夫が選びに選びぬいた部屋に到着。何にこだわったかと言うと…
わー！明るくてめちゃ開放感！

バリアフリーの部屋は数が少ないため、希望される際には、早めの予約が必要となります。

船の最後尾の部屋を予約すること！
この辺り
PRIDE OF AMERICA
最後尾部分にはスイートルームが多いのですが、普通のバルコニー付き客室も少しあるのです。
最高の光景！
出航後は船の航跡をバルコニーから眺めることができる特等席！
外国船には珍しく、コーヒーメーカーが置いてあります。
KONA
KONA
コナコーヒーまで！
さすがハワイの船です。
ベッドの上に船内新聞が置いてあるのを発見。
すぐにチェックです。
日本人乗客用の説明会があるって！
出航前にイベントがあることも。
会場には20人ほどの人が参加。
こんにちは…
どうも…
そこで新婚旅行で来ているというカップルとお話をしたのですが…
グレーのオーラをまとっている！
新婚の雰囲気がない…？
義母が切り込む！
新婚旅行なんて幸せの絶頂ね！
イヤ…
ドン底な気分です…

クルーズターミナルで乗船手続きした時に、コイツがハワイのガイド本忘れてきたんですよ
え？アンタが置いてきたんでしょ？
まあまあ・・・
と、もめている時に…
ギャー
ギャー
お待たせしました
スッ
日本人コーディネーターのみどりです
キラーン
観光についてもご相談いただければいろいろとご紹介します
心強い!!
集まった日本人乗客たちへ船内のルールなどを説明いただきました。
そしてその後…
人数少ないので、このまま船内を歩きながら案内しますね
乗船時に説明会が開かれることも多いので船内新聞をチェック！
船内はアメリカをイメージして赤と白のカラーリングが多いです
たしかにアトリウムもレセプションも赤と白がベース。
華やか！
レセプションに至ってはいかにもアメリカ！な絵が！
レセプションはホテルのフロントにあたるところです
ピィピィ
インコとはちがうぞ…

「アメリカ」にこだわるプライド オブ アメリカ号。内装もアメリカ国旗を意識した赤と白を基調としていました。

デッキ
プールで使ったタオルは、ここで新しいものに取り替えられます
タオルステーションといいます
使用済みのタオルはココに入れる
その後はメインダイニング・シアター・ビュッフェなどよく使う場所を案内いただき…
お料理は全般的に美味しいと思います。
アルデンテのパスタ以外は…
正直なみどりさんが大好きになりました。
ホノルル港の出航は絶対に見てくださいね
とみどりさんが言うので、デッキに出て待機しました。
海から眺める美しいハワイ。星空の美しさ。光り輝くビルの灯り。海のきらめき。
新しい視点で見る美しい光景にうっとり…。
オアフ島を離れてマウイ島へ向かいます！
2日目 マウイ島 到着
お部屋のベランダから日の出が見えたことに感激…。
下船すると日本人ドライバーが運転するバンが待っていました。
アロハー
Welcome くぼ様
マウイ島在住のIさんが島を案内！日本からネットで依頼しました。
1歳の赤ちゃん連れなので楽な方法を考えました。

ラハイナで有名なのは「バニヤンツリー」。
ハワイ諸島最大級の巨木です
へー、こんな木が有名なのね～…。
パワースポットで有名なんです
みんな！触って!!
態度が急変…。
水族館や…
おさかなさん
さとうきび鉄道を見学し
SUGARCANE TRAIN MAUI
写真撮ってー！
なんかパワースポットで元気を充電したわね！
と、意外と満喫した模様。
この日の夕食はメインダイニングで。
1歳の誕生日を迎えるパルリのためにちょっとしたお祝いを企画。
乗船直後にみどりさんに相談して…
おまかせを！
この日はパルリの1歳のバースデーを祝うケーキを用意してもらいました。
わあっ

クルーズ船の場合は食事の時間と席が決まっている場合が多いのですが、プライド オブ アメリカ号は好きな時間に好きなレストランで食事ができるのが特徴です。

クルーたちがテーブルを取り囲み…
HAPPY BIRTHDAY～♪
日本から持ってきた
歌を歌ってくれました。あまりに盛大でパルリはボーゼン。
周囲の乗客も立ち上がってお祝いしてくれました。
Happy Birthday!
まだ1歳でよくわからないけど…みんなが笑っている様子を見て
パルリも満面の笑み！
ぱーっ!
クルーや乗客からもキューティ、スウィーティと呼ばれていました。
Cutie!!
Hi!
Sweetie!
3日目
マウイ島に停泊したため出航までは自由時間。
シャトルバスでショッピングセンターまで行きましたが…
のります まってー!!
ちょっとっ!!
足がはやいなぁ…
あ、そーだ!
帰りもシャトルバスに乗るからここで解散ね！
はあっ？
バスにのる前に解散??
義母は去っていきました…。
バスの席とろーっ!!
夕方には出航なので我々は早めに船に戻りました。
ちょっとちょっと!!
じゃあ、またあとで
←慣れっこ

誕生日や結婚記念日など、何らかの記念日と乗船が重なっている時は、
あらかじめクルーに伝えておくと良いでしょう。P65も参照を。

夕食はフォーマルデー
フォーマル子どもの服装どうしようと悩まれる方も多いと思うのですが…
それほど悩まずともOKです!
パルリのはじめてのフォーマルウェアは着物「風」ロンパース。
これが大成功!
股をスナップでとめる
クルーと乗客が大騒ぎ。パルリもいい気分…和装はとにかく人気なのです。
Sweetie!!
Cutie
にんまり…
夜のショーもハワイアンムード!この日の演目はタヒチやサモアに伝わるダンス「アロハポリネシアンショー」。
男性は勇ましく、
ドンドン
女性は優雅で美しい!
パルリも目を丸くして見ていました。
ワー
ワー
すごーい!!
コワイ
4日目 ハワイ島 ヒロに寄港
エクスカーションを頼んだのですが、日本人が少ないのですべて英語ガイドとのこと。
まずい…聞き取れるだろうか…
予感的中。全然聞き取れません!
やばい…
?
でも、集合時間だけわかればなんとかなりました…
ウィーマスト… イレブン
リターン… エーエム?
ダイジョブ!

小さい子どもほど、フォーマルウェアを着せると特に外国人からの注目を集めます。
話のきっかけにもなるので、子どものおしゃれも楽しんでください!

ハワイ島 ヒロ
キラウェア火山
観光
活火山であるキラウェア火山を安全に見学できる「火山国立公園」に行きました。
非常に広大なので歩きやすい靴で!
あちこちで蒸気が上がり…
生きてる山だなぁ!
迫力あります
巨大カルデラ
どうやってカルデラの中に行くのか…
砂つぶのような点…
よーく見ると…
人だった!!
プシュー
火山の蒸気が吹き出るところも
あぶない!!
頭にかけるとかしこくなるわ!!
お寺じゃないからっ!!
キラウェア火山は女神ペレが住むといわれています
怒ると噴火!!
ドカーン
性格
・気が強い
・すぐ怒る
髪は溶岩
プンプン
イライラするわ…
有名なスピリチュアルスポット
ラバチューブ(溶岩トンネル)
な…何か見えるの?
突然パルリがあちこちに手をふってはしゃぎ出す…
バイバイ
5日目　ハワイ島のコナに入港
港が小さく大型船が入港できないので沖合で停泊し、テンダーボートで上陸します。
港からタクシーに乗って山の上まで登り…。
わぁ〜。
船が小さい…
日本企業「UCC」が経営するコーヒー農園に到着。
港から電話して訪問しました。
コナコーヒーの焙煎体験をして、おみやげに持って帰ることができるのです。
楽しい〜!
♪〜
パチ
パン
コーヒー大好き義母のテンションMAX!

火山国立公園は、地球上で最も活発な活火山と呼ばれるキラウェア火山を安全に見ることができる保護区です。
ラバチューブの中では「オーラ」が見える人もいるとか、いないとか…。

その後、エクスカーションでグラスボートに乗船。船底がガラスになっているので…
魚やサンゴなどが綺麗に見えますが…!
この日、海が大荒れ!
ワー
ワー
停まっていても揺れまくり!
魚を見るどころではなくなり…
じごく
うっ
特に義母はアウト。
船内に戻って少し休憩した後、元気になった義母がぽつりと言いました。
やっぱりクルーズ船って揺れないのね〜…
あらためて船旅の快適さを実感しました。
その日の夜。前からやってみたかった朝食ルームサービスの準備を。
メニューが書かれた紙に食べたいものをチェックします。
Egg
Bread
Juice
Orange
Apple
Salad
Butter
それを夜のうちにお部屋のドアノブにぶら下げておくと…
オハヨウゴザイマス
部屋に朝食を持って来てくれるのです。
バルコニーで海を眺めながら、朝食を…
とても気持ちがいい朝を迎えられます!
ちなみに、ルームサービスは無料なんですよ!
小さい子がいるご家庭にもおススメ!

ルームサービスは基本、無料の船が多いです。レストランメニューの一部や軽食を提供してくれます。

さて、カウアイ島に到着
義父母はショッピングセンターへ。
心の句
そんなにもみやげを配る人いるか?
まだまだおみやげ足りないわ〜!
元気 元気!!
私たち夫婦とパルリはビーチに遊びに行きました。
プール用のタオルを船から借りてきた〜!
部屋で水着に着替えて、Tシャツと短パンを上から羽織って出かけます。
キャッ キャッ
パルリも初めての海水浴を静かなカウアイ島で楽しみました。
7日目
昨日はカウアイ島に停泊。翌日ホノルルに向けて出航しました。
しばらくすると船内アナウンスが流れデッキに乗客が集まります。
今回のクルーズのハイライト「ナ・パリ・コースト」です。
21キロにわたって続く断崖絶壁の海岸線。陸路では行くことができません。
あまりの絶景に皆無言…
手付かずの壮大な自然を目の当たりにすると…日頃の小さな悩み事など吹き飛んでしまいます。
だからクルーズはやめられないっ!
また来まーす!!
今まで知らなかったハワイの魅力をまるごと感じられた8日間でした。

「ナ・パリ・コースト」は映画「ジュラシック・パーク」の撮影にも使われたほど、手付かずの自然が残っている場所として有名です。

外国船　海外発着　大型船　カジュアル船

クルーズならでは!　ハワイ4島を一気にめぐる

プライド オブ アメリカ

Pride of America

SHIP DATA

全長	281m
全幅	37m
客室数	1095室
総トン数	8万0439トン
乗客定員	2186名
乗組員数	927名
船籍	アメリカ
船会社	ノルウェージャン クルーズライン

海と魚をイメージ

クルーズカード

Pride of America
INSERT ▼ CARD
Guest Emergency: 732-335-3280
Disembark: 10/15/2011
Assembly Station: M2

くぼmemo

ホノルル発着コース専用のクルーズ船。ハワイ4島を効率的にめぐる航路で大人気。1回のクルーズでハワイの様々な姿を一度に体感することができます。

料金	★★★☆☆
日程	★★★☆☆
航路の魅力	★★★★★
巨大度	★★★★☆
カジュアル度	★★★★☆
食事	★★★★☆
日本語	★★☆☆☆

月あかりに

うっとり…

朝食をルームサービスで!

船尾のバルコニー
客室に宿泊!
景色に感動!!

タオルドールとふれあう…

バルコニー客室

キャッ　キャッ
コロコロ

デッキ

アトリウム

アメリカの旗のもと…
朝食中

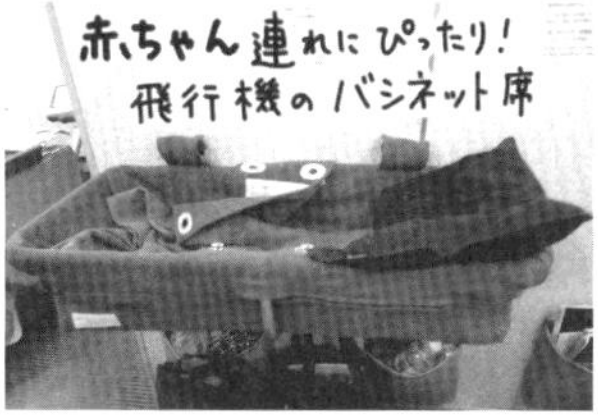
赤ちゃん連れにぴったり！
飛行機のバシネット席

マウイのさとうきび鉄道

ハワイで買った
ベビーフード

ハワイ島　コナにて
船

最終日のショーはクルーが
出演

今回の旅の費用

8泊9日（うち現地泊1日）／大人2人＋
子ども1人（1歳）／海側バルコニー客室

旅費（クルーズ代・航空券代・現地宿泊代・現地移動代含む） 204,500円×2人＝	**409,000円**
お小遣い（船内での買い物など）	**約27,000円**
寄港地ツアー代金 16,000円×2人＝	**32,000円**
各種税金（港湾税など）	**69,000円**
合計	**537,000円**

カウアイ島　ナ・パリ・コースト
すばらしすぎて
声も出ない…

日本国内の問合せ　ノルウェージャンクルーズライン　https://www.ncl.com/jp/ja/

ロストバゲージにご用心!!
荷づくり前にちょっとチェック!!
本当にあったトラブル…
飛行機で港まで行って、クルーズ船に乗るフライ&クルーズの場合、最も怖いトラブルの一つはロストバゲージです。
無い!
無い!!
以前同じ船に乗った方が、ロストバゲージにあってしまったのですが、スーツケースが出てきてもクルーズ船の場合は海上にいる時は荷物を受け取れません。
どこかの寄港地の港まで先まわり
海の上では受けとれない
同行者がいる場合は、できるだけ荷物を分けてダメージを減らすようにしたほうが安心かもしれません。
下着や服も半分ずつ入れる…
同じ船でご一緒した方はメイク用品や下着、コンタクトのお手入れ用品もスーツケースに入れてしまっていたので…
服もないから主人のシャツ着てるんです…
船内でずっとケンカしていました。
そんなん絶対にイヤやわ!!
ボクのパンツはきーや!!
コンタクト用品など、日常生活に必要なものはなるべく手持ちのバッグに入れておくと良いでしょう。
コレ、ホンマそう思うわー!!
数日後荷物が届いた
別人…
荷物が見つかった時は、寄港する予定の港に先回りして届くよう手配されていました。
海上だと買い物もできないし…薬とかは怖いなあ…
ただし、寄港時間が短い時は受け取れない可能性があるので、リスクを分散したほうがいいかもしれませんね。

Cruise 6

世界最大級！
超巨大客船の
処女航海を体感

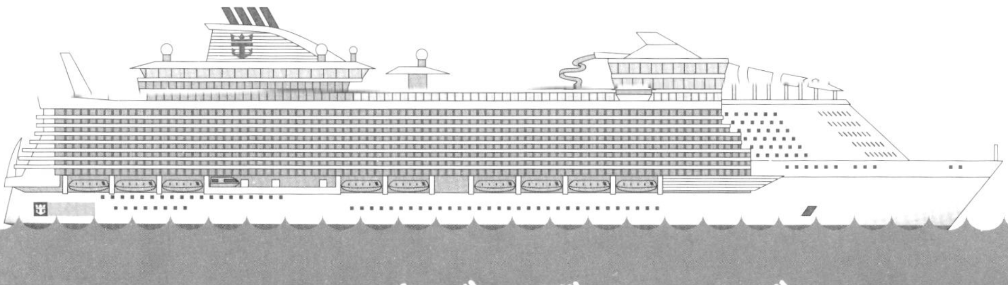

ハーモニー・オブ・ザ・シーズ

Harmony of the Seas

今回親子3人でハーモニー・オブ・ザ・シーズ号に乗船。
その経緯は…
ある日の我が家。パンフレットを眺めながら、妄想クルーズを楽しんでいたのですが…
パルル5歳
ハーモニー・オブ・ザ・シーズの写真に釘付け。
世界最大級の船…
乗客乗員合わせて8000人弱…
パンフレットを見るだけでもかなり巨大。
もはや一つの街レベル！
しかも新造船！
さらに処女航海！
ホヤホヤ
処女航海は一度きり！
世界最大の船の処女航海なんてステキ
乗ろうよ
え？乗るの？
オフシーズンだし
人生は短いんだ。悔いなく生きよう
今しかない!!
今回の航路！
というわけであっさり決まった今回のクルーズ。
サウサンプトン発 バルセロナ着 7泊8日
1日目 サウサンプトン出発
2日目 終日航海
3日目 終日航海
4日目 ビーゴ
5日目 終日航海
6日目 マラガ
7日目 終日航海
8日目 バルセロナ
イギリス
サウサンプトン
ロンドン
フランス
ビーゴ
スペイン
ポルトガル
バルセロナ
マラガ
発着地が異なることを片道クルーズと言います。
は？
大丈夫！僕が予約するから
片道クルーズの場合飛行機の予約が難しい！ハワイクルーズの失敗に懲りず、また⁉
予定の1日前に着いちゃったーハハハっ♡
I♥HAWAII
どこからあふれる、この自信…
まかせて！

失敗のないように仕事を分担。
情報収集担当
前後泊のホテル
飛行機
現地観光
実際の予約担当
夫婦で話し合いを重ね、予約が済んだ頃には手間と引き換えに準備がカンペキに。
大船に乗ったつもりで行きましょう！
いや、超大船に乗るって…
宝
これは宝船でしょー！
さあ、旅行の始まり！まずはロンドンへ。
ロンドンでは二階建てバスに乗り市内を観光した後…
名所だらけで見ごたえあり!!
市内に1泊。翌朝ロンドンからバスに乗り、3時間ほど揺られ…
イギリス
ロンドン
サウサンプトン
サウサンプトンに到着し、バスから降りた途端
巨大な船がはっきりと見えました！
ビルよりデカい…
クルーズターミナルの外でスーツケースを預けて
Ok!!
大丈夫かな…
こんなにいっぱい…
ターミナルに入るとタブレットを持ったクルーがやってきてチェックインの手続き。
カウンターに並ぶ必要がありません。
船内に入ると…
WOW!

船の中とは思えぬ広大な世界が広がっていました。
ここはロイヤルプロムナード。カフェやショップが立ち並ぶ目抜き通りです。
普通の街並みのようです。
そんな時、パルリが何かに吸い寄せられるように入っていき…。
スタスタ
夫が追いかけます！
そのまま2人は上に…
ママー！
デッキ5から8までの3層分を上下に動く洋上初の動くバーです！
ちょっ!!
客室について
今回内側客室を予約しましたが…
ギィ
ん？
普通に太陽の光が差し込む明るいバルコニー客室。
？
どゆこと？
バルコニーに出てみてわかりました。
そうか！

中央部の吹き抜けの屋外エリアに面した部屋にはバルコニーが付いているのです。
ほんとに街みたい
室内は新造船だけあって超きれい。
ママー！何かあるよ
キャップと旗が人数分置いてありました。
船会社のロゴ入り！
これを持って出航パーティーに来るようにという処女航海の記念品なのです。
うれしー
処女航海ということでスペシャルな対応がもう一つ。本来予定されていなかった日本人コーディネーターが乗船していました！
こんにちはーー♪
今回日本人が9人乗船されたそうです。
3組のご夫妻
＋
くぼファミリー
パルリはこの船に乗った最初の日本人の子どものこと。
ややこしいですが…
パーッ♥
この日はカフェスペースを使って日本人説明会が行われました。
どーぞ!!

コーディネーターさんが言うには
とにかく広い！とにかく楽しい！どんどん歩いてください！
行ってみるやってみる
バーの生演奏は最高です！お酒飲まなくてもOK！ノーサンクスといえば良し！好きなことに貪欲に!!
力説されました。
というわけで船内を歩きまわったのですが、
こーんなに大きい!!
あちこちに生花が置かれています。
て もっと大きいのもいっぱいあった
これも処女航海だからだそうで。
これだけ広い船だと手入れも大変だもんね
いつもやっていたら、大変よね…
フフフ…
← カフェのテーブルの上にも…
そしてとうとう出航！
キャップと旗を手にデッキへ急ぎます。
バンドの音楽と共に巨大船がゆっくり動き出しました。クルーズの旅がスタートです！
ボーーー
ブンチャブンチャ
夕食はメインダイニングでいただきます。
3階分が吹き抜けになっている巨大なレストランです。
テーブルの担当クルーが子ども好きで…
ドンウォーリー♡
Baby《ベィビー》…
さんくす…
5歳
粉粋
パルリが赤ちゃんに見えるようですべての食べ物をナイフで細かく切り刻んでくれました。

メニューの中から食べたいものを食べたいだけ自由に選べます。
牛肉のタルタル
オニオングラタンスープ
熟成肉のロースト
パルリはデザートのチョコレートアイスを食べながら電池切れ。
ZZZ…
カクッ
おやすみー
2日目 終日航海日
早朝、日の出を見にデッキに行き
そのまま運動を兼ねてランニングトラックを歩きましたが…
ゴールが見えない…
え？1周700メートル？
カンバン
RUNNING TRUCK
YOU ARE HERE
船の巨大さを改めて実感…
早朝から動き回ってお腹が空いたので
ロイヤルプロムナードにあるカフェへ。
CAFE
カフェとドーナツでホッと一息…
朝から贅沢気分です。

子どもの食事はキッズ用メニューではなく、大人用メニューから注文しても問題ありません。

朝食ももちろんいただきます！
最上階にあるウィンジャマー・カフェ
という広大なビュッフェ。
超、お気に入りの場所です。
窓際の席の開放感がたまりません！
ハマってます。
セントラルパークもお気に入り。
船上に本物の樹木や植物が植えられています！
ここ、船なの？
パルリが混乱するのも当然。
上を見上げれば青空！
あたたかな太陽の光。
船の上だということを
忘れてしまいます。
セントラルパーク内には
カフェもあります。
ヘルシーなメニューを持ち運びやすい
パッケージで提供しているので
好きな場所に持って行って
食べている人が多かったです。
ブリトー
カットフルーツ
スムージー
サラダ

船の中にこんな空間が?! と思うものが目白押し！
あれは…
例えば、部屋のバルコニーから見おろすと見えるのは…
なんと回転木馬《メリーゴーラウンド》
なぜ船上に？
しかも無料で乗り放題。
ママー
気づくと…
40代女性、回転木馬に乗る事件発生…
重っ
ホホホ…
非日常のクルーズの世界が起こしたマジック…
遊びまくったこの日はフォーマルディナーの日。
パルリは袴風ドレスを着用。
和装のようで、実は洋服
豪華なディナーを楽しみました！
エスカルゴ
ロブスターのスープ
濃厚
サーロインステーキ
ノンアルコールモヒート
ライム好き！と言ったら…
ライムドカ盛り
定番

ほとんどの船内イベント・アクティビティは無料で参加できます。

ウェルカムアボード レセプション
ロイヤルプロムナードで行われるキャプテン主催のカクテルパーティ！
船の各部署のマネージャークラスも乗客にあいさつします。
キャプテンからのあいさつは特別。
ようこそ!! 思いっきり楽しんでくだサイ!!
みたいなことを言ってる気がしました…。（英語だったので…）
シャンパンも振る舞われます。
見知らぬ乗客とも乾杯！同じ船に乗り合わせれば皆ご近所さん。お友だちです！
その後はシアターに。ショーを楽しみに行きました。
ワー
ワー
いつも最前列で見てます～！
この日のショーはミュージカル「グリース」。有名な曲も多くて盛り上がります。
部屋に戻るとベッドの上にビールが2本！処女航海を記念して各部署のマネージャーから毎日プレゼントが届くのです。
ARMONY SEAS
HARMONY OF THE SEAS
クルーがバスタオルで毎日作ってベッドに置いてくれるタオルアート。この日の夜はこうもりを眺めながら就寝…
3日目　終日航海日
ワーーッ
グラグラ
朝からアイススケート！

船の中では毎晩、いろいろな催し物が深夜まで行われています！
翌日のスケジュールまで考えて参加しましょう。

朝はスケートリンクもガラ空き！思いっきり滑れました。
まるでプライベートリンク
えと…ここは船の上…だったよね
はて？
などと考えている暇はなし！
パルリはその後キッズクラブへ。
わーーー
この船のキッズクラブは朝9時から深夜2時までオープン…
パルリも友達ができて入り浸ってました。
パルリがいない間…我々は普段やらないアクティブなことをやってみました。
ギャ〜〜
吹き抜けのボードウォークを一気にジップラインで滑降します！
そして洋上でもっとも高いスライダーアルティメットアビスにも挑戦。船の16階から6階部分まで滑り降ります。
デッキ6まで一気に滑りおりる!!
怖すぎました…
デッキ16
スライダーの入口はココ！
サーフィンができる施設があったり
ロッククライミングなど、船の上とは思えぬ光景。
カタツムリ…
人工波でサーフィン！

バスケットコートや
バレーボールのコート。
ミニゴルフのコースもあり
退屈とは全く無縁の世界！
終日航海日は船の魅力を味わい
尽くせるのです！
そんな中、パルリがキッズクラブから帰ってきて…
もらったー！
ゲーム大会で優勝したそうです。
青いタコのぬいぐるみ
キッズクラブは年齢別に部屋が分かれており、友達ができやすいです。
3～5歳
6～8歳
9～11歳
12歳以上
3歳未満は有料のシッタープログラムがあります
工作や実験など毎日プログラムがいっぱいあるので
お迎えは遅めにしてね
すごくおそく!!
と言われてます…
遊びまわった1日が終わり…
部屋に戻るとマグとバックパックが！
処女航海のプレゼント、もらいすぎ！
4日目 ビーゴ（スペイン）
私たちは港周辺を散歩することにしました。
撮るよー
港にいる銅像
みんな彼と写真を撮ってた
港町は古来より交通の拠点として発達してきたので、ぶらぶらするだけでも楽しかったりします。

寄港地到着が早朝の場合、お店が開いていないこともあります。
寄港地ツアーに参加しない場合は、現地の様子をあらかじめ調べておくと良いです。

しばらく歩くとビーゴ城址公園
というかつてのお城の跡地が。
石の門を抜けてしばらく歩くと…
ビーゴのい街を一望できる場所が！
青い空、青い海に船の白さが輝いて
見えました。
港沿いにあるバルで
パエリアを食べたり。
地元のお店を堪能するのも
旅の楽しみの一つです。
おいしーい
夜のショーはアクロバット。
クルーズでは人気のある公演です。
ワー
ワー
パルリも影響を
受けて、
あちこちで
アクロバット
のマネ…。
やめなさい
5日目 終日航海日
スペインに入ってから気温上昇！
プール日和です。
子ども用のプールも回りきれない
ほどあります。
ウォータースライダーもサイズが
たくさん！
ママー
ライフジャケットは
無料でレンタル
パルリが気に入ったのは大量の水が
頭上のバケツから滝のようにふり
そそぐもの…。すごい水量です！
ザブーン

寄港地観光の時には、一般的に船の出口でペットボトルのミネラルウォーターを販売していることが多いですが、少々割高です。

パルリがキッズクラブに行ったので大人専用のプールソラリウムに。
大人専用ジャグジー最高…
大人専用スペースなので、静かでゆったりした時間…。
のんびり〜
天気も良く、温かい空間で骨の髄までリラックス。
ぜいたくな時間を過ごしました！
夜はアイスショーへ。
プロスケーターによるショータイム。
ここ、船の上だよね…？
非日常が続きます。
今日は2度目のフォーマルナイト。パルリの和装は大人気。
乗客にも、ちやほやされてました。
和服のパワー、すごい…
ディナーの後はロイヤルプロムナードでストリートパーティ！
街中大騒ぎです。
その時ダンサーの1人が…
パルリを指差して手招き。
YOU!
サングラスやTシャツなどを色々プレゼント。
和服姿をとても気に入ったようです。
Beautiful キモノ…
和服のパワーすごい！

クルーズ船のショーには、オリンピック出場者や有名なエンターテイナーが登場することも多く、大変見応えのあるものとなっています。

6日目　マラガ（スペイン）
寄港地での行動はノープランだったので
まずは近くを歩くことに。
港町は歩くだけでも楽しいのです。
マラガ砦が近いね
MAP
アルカサバとも呼ばれる、6世紀頃できた要塞です。
20分ほど歩いて砦に到着。
はじめは元気に登りました。
しかし、さすが砦。
なかなかゴールが見えない。
敵からの侵入を防ぐ場所ですからあっさり登れては意味がないわけです。
ひぃ
ひぃ
元気だね…
はやくー♪
ヘトヘトになりつつ見晴らしの良い場所に到着すると
見て！すごいよ！
頑張った甲斐がありました！
巨大な船・マラゲータ闘牛場・そしてマラガの街。
船はココ!!
これら全てが一望できるのです。絶景でした！
その後マラガの大聖堂で心を清め…
立派だなぁ…
近くのバルで乾杯！
精進落とした！
サングリアが超美味しい！
生ハムの味がすごく濃い！

生ものの持ち込みは禁止されていますが、レトルトパックのものは大丈夫です。
また、酒類の持ち込みも厳禁です！　アルコールは船内で購入しましょう。

普段お酒を飲まない夫がぐいぐいと飲み始めました。
うまい！
ぐい
ぐい
船の帰り道はまさに千鳥足。調子に乗りパルリに絡むと…
パルリちゃ〜ん
パパー、くさいよ
早く起きてー
パパー
わーん
マラガの思い出…
夜のショータイムはアクアショー！
水を使ったショーを見られる屋外シアターがあります。噴水や…
飛び込み…
キャー！
水中バレエやシンクロナイズドスイミングのショーを見られます。
船の上だということをお忘れなく！
7日目　終日航海日
オーダーしたドリンクをロボットが作ってくれるバイオニックバーに。
お好みの配合をタブレットで指示。
オーダーを受けると…
OK!
オーダー
激しい音楽とともに激しくシェイク！オーダーした通りに正確に作ります。
SHAKE!
SHAKE!

船が1泊停泊する日は、夕食も現地で食べる人が多く、船内がとても空いています。
逆に船内で人気の有料レストランなどに行くのもオススメです。

オレンジジュースとジンジャーエールを
ブレンド
4
6
美味しい！
パルリ オリジナルのドリンク完成！
この日は最終日のフェアウェルパーティ。お別れパーティです。
キャプテンをはじめとするマネージャーたちがあいさつする中…
ワー
ワー
乗客の視線は一様に上。
その理由は…
大量のバルーンが天井から降ってくるからです！
ワーワー
キャー
皆、歓声を上げて、処女航海を無事に終えることを祝います。
そんな中、パルリは号泣しました。
ずっと船にいたい！終わるの嫌だ！
娘よ…気持ちはわかる…。
光あれば影がある。クルーズの非日常もいつもの日常があってこそ。
日常こそが大切なんだよ。
ぐすん
と、言ったものの下船後はバルセロナに1泊するので
日常に戻る前にもうひと遊びしちゃおう〜！
そんなくぼファミリーなのでした。
いつか皆さまと洋上でお会いできたら嬉しいです！
毎回新しい発見がある船旅、あなたもいかがですか？
ぜひ！

外国船 | 海外発着 | 大型船 | カジュアル船

エンターテインメントが大充実! 大型船で味わう夢の時間

ハーモニー・オブ・ザ・シーズ

Harmony of the Seas

SHIP DATA

全長	362m
全幅	65m
客室数	2747室
総トン数	22万6963トン
乗客定員	5479名
乗組員数	2200名
船籍	バハマ
船会社	ロイヤル・カリビアン・インターナショナル

クルーズカード

HARMONY OF THE SEAS
GOLD
G3
大人用
子ども用

くぼmemo

全長361m、22万トンクラスの世界最大級の客船。乗客・乗員あわせて7500人以上が乗船できます。船内に公園や遊歩道もあり、船上であることを感じさせません!

料金	★★★☆☆
日程	★★★☆☆
航路の魅力	★★★★☆
巨大度	★★★★★
カジュアル度	★★★★☆
食事	★★★☆☆
日本語	★☆☆☆☆

タオルアート
こうもり

出航時に使える
船からのプレゼント

洗面所&シャワールーム
ピカ
ピカ

海に面していないのに…
あれ?窓がある!

処女航海を記念したプレゼント

写真で紹介している船からのプレゼントは、処女航海限定のものです。

船内遊歩道

船内に公園

巨大！
子ども用プール

なぜ？船内にメリーゴーラウンド!!
まいにち いっぱい のったよ!!
一生分くらいね…

植物が植えられています

スケートリンクも！

STARBUCKS COFFEE
船内にスタバ

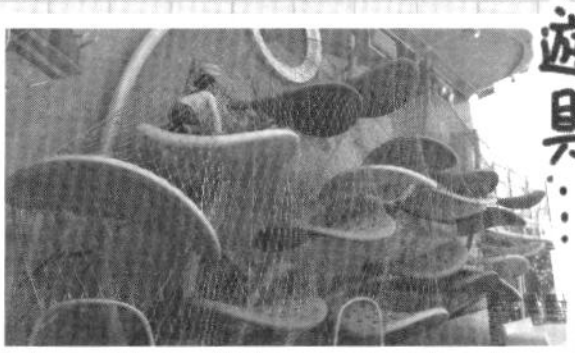
子どもがハマる遊具…

丘の上からパチリ

マラガのバルにて

船内パーティー！

今回の旅の費用

9泊10日（うち現地泊2日）／大人2人＋子ども1人（5歳）／内側バルコニー客室

旅費（クルーズ代・航空券代・現地宿泊代・現地移動代・各種税金を含む）	777,549円
お小遣い（寄港地での移動・寄港地・船内での買い物など）	約46,000円
合計	**823,549円**

処女航海記念 巨大ケーキ

日本国内の問合せ　ロイヤル・カリビアン・インターナショナル　https://www.royalcaribbean.jp

クルーズQ&A

クルーズで旅をする前に
気になることを
まとめてみました。

健康

Q 食品アレルギーがあります

A あらかじめスタッフに伝えておくと配慮してくれます。毎日メニューが変わりますので、ウェイターに都度確認するのも良いでしょう。宗教上の理由で食べられないものがある場合も相談できます。外国船に乗船する場合は、アレルギーのことを伝えられるように英語を書いたメモを用意しておくと安心です。

健康

Q 具合が悪くなったらどうすればいいですか？

A 船内には医務室があり、医者が常時乗船しています。ただし、保険対象外のため医療費は高くつきますので、常備薬は必ず持っていくことをおすすめします。
また、旅行保険の内容をあらかじめチェックしておきましょう。

船内生活

Q 英語が話せません

A 外国船の場合、日本人コーディネーターが乗船している船を選べば、言葉の不自由は感じずに楽しめます。船内新聞やメニューも、日本語対応されたものを用意してくれます。日本船では、もちろん日本語で対応してくれます。

お金

Q 両替できますか？

A 船内のレセプションで両替ができますが、各地通貨に両替する時には一旦円から船内通貨（USドルが多いです）に両替し、さらにUSドルから現地通貨に両替、となるのでレートが下がる場合があります。ただし、安心で確実です。
クレジットカードも使える場所が多いですが、タクシーや地元のお店などカードが使えない場合もあるので、私は日本国内で旅行先の通貨を最低限用意しています。
格安チケットショップの両替が、レートが良くておすすめです。

お金

Q チップは必要ですか？

A 1日あたりのチップがあらかじめ設定されていて、あとで精算されることが多いので、テーブルチップや枕元に置くチップは必要ありません。

健康

Q 船酔いが心配です

A フィンスタビライザーという横揺れ防止装置が付いているので、揺れは軽減されます。レストランのテーブルに置かれたワイングラスなどが倒れたことは見たことがありません。フロントで船酔いの薬をもらえますし、普段飲んでいる薬がある方は出港前に飲んでおくと安心です。

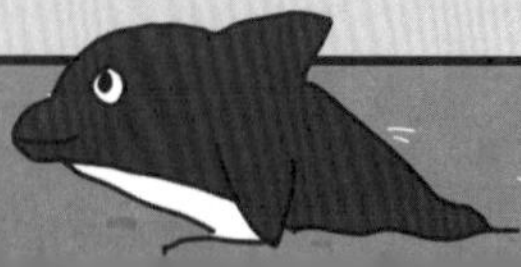

船内生活

Q インターネットは使えますか？

A 船内のWi-Fiサービスを有料で利用することができます。多くは通信量によって料金が変わる仕組みです。衛星回線を利用しているため、陸上のインターネットの速度とは比較にならないほど遅いです。動画など通信ボリュームがあるコンテンツは見られなかったり、通信制限がかかる場合もあります。
個人的な感覚ですが、日本周辺の航行時は、沖合にいてもバルコニーやデッキに出れば携帯電話の電波が入ることが多くあります。

船内生活

Q たくさんあるイベント、どうやって計画したらいいですか？

A イベントの時間や内容が書かれた船内新聞(P56参照)を見て、スケジュールを立てましょう。回りきれないくらいイベントが用意されている船もあるので、ご自身の興味や体調と相談しながら決めてみては。

船内生活

Q 船内で記念日をお祝いしたいのですが

A 申し込み時や乗船時にコンシェルジュやクルーに相談すれば、ケーキのサービスとともに歌ってくれるなど、一緒にお祝いしてくれます。有料となることもありますが、早めに相談してみましょう。

船内生活

Q 室内の掃除はしてくれますか？

A 基本的に1日2回の掃除が入り、ベッドメイキングもしてくれます。ホテルと同様に、部屋に入らないでほしい時には、ドアノブに「ドント・ディスターブ」の札をかけておけばOKです。

船内生活

Q コンセントは使えますか？

A ほとんどの船が日本の電化製品のコンセントを利用できます。コンセントのところに電圧も書かれているので、お手持ちの家電の電圧が大丈夫か確認できます。

船内生活

Q 持ち込み禁止のものはありますか？

A ドライヤーやポットなど熱を発するものの持ち込みは禁止されています。また、生ものや酒類の持ち込みも禁止です。酒類を持ち込んだ場合は、船に預け、下船時に渡されるパターンが多いです。乗船時に飛行機に搭乗する時のようにX線検査があり、ハサミなどの刃物は没収されますので注意が必要です。

船内生活

Q 有料の施設も使ったほうがいいですか？

A スペシャリティレストランやスパなど有料の施設で、さらにラグジュアリーなひと時を過ごすのもアリです。無料の施設でも、充分楽しめますよ。

船内生活

Q 日本のホテルと違うところは？

A 湯沸かしポットやティーバッグなどは、外国船では用意されていないことが多いです。湯沸かしポットは熱を発するため、持ち込みはできません。また、スリッパと浴衣、歯ブラシもないことが多いので、忘れないように！

船内生活

Q クルーズ船とホテルの客室に違いはありますか？

A 一番大きな違いは、室内の壁が鉄でできているためマグネットを付けられることです。フック付きのマグネットを持っていくと便利(P72・96参照)。また、使用済みのタオルは床に置いておかないと、新しいものに変えてもらえません。ビュッフェから持ち込んだコップや皿も、床に置いておくと片付けてくれます。

船内生活

Q 船室でタバコは吸えますか？

A 基本的には船内は禁煙と考えてください。喫煙所など、喫煙できる場所が決まっていますので、そちらで。船では火災が最も恐いことなので、きちんと火の始末をお願いします。

申し込み

Q クルーズ代金には何が含まれているのですか？

A 宿泊代と船内での食事代、移動費が含まれています（P35参照）。ただし、有料レストランやドリンク、スパやエステ、寄港地での食事などは別途料金が必要です。また、ショーやプール、ヨガなどいろいろなレッスンも追加料金なしで体験できます。

船内生活

Q レストランでの食事の時間は決まっていますか？

A 大型船の場合、メインレストランでのディナーは２部制になっています。「子ども連れで早い時間が良い」などの希望は、申し込み時もしくは乗船後、早めに相談してみましょう。時間や席の指定がない船をチョイスしても。

船内生活

Q 期間が長い場合、洗濯はどうしたらいいいですか？

A 多くの船にはコインランドリーがありますし、クリーニングサービスはどの船にもあります。部屋にあるランドリーバッグに洗濯物を入れて出すと、翌日には仕上がります。下着やハンカチなどの小物は、客室の洗面台で手洗いして、バスルームに干しておけばＯＫ！

船内生活

Q 客室の水はそのまま飲めますか？お湯や氷が欲しい時は？

A 基本的に客室の洗面所から出る水は飲用可の場合がほとんどです。気にされる方はビュッフェレストランのドリンクコーナーで調達できます。その際、水筒を持っていると便利です。お湯や氷はルームサービスでも頼めます。

申し込み

Q 子ども料金はありますか？

A 船や申し込む旅行会社によって異なります。割引がある場合は以下のパターンです。
・13歳未満は無料になる場合（コスタクルーズ・MSCクルーズなど）
・大人料金だが、3人目・4人目割引が適用される場合

子ども対応

Q 子どもが退屈しませんか？

A 多くの船にキッズルームがあります。プールで楽しむこともできますし、カジュアルクラスの船には専門のスタッフが付いて、子どもを預けて遊ぶことができるキッズプログラムも充実しています。預けている間、親はノンビリと過ごすこともできますし、子どもは船上でお友達を作るかもしれません！

子ども対応

Q 子ども連れで行く時に準備するものは何ですか？

A 普段おでかけする時に持っていくものを準備すれば大丈夫です。おむつやミルク、ベビーフードなどは持って行きましょう。船内は冷房が強めなので、ショールなど子どもをくるめるものがあると便利です。P137の持ち物リストも参考にしてみてください。

申し込み

Q いつごろ申し込むのがいいですか？

A 出航半年くらい前までに申し込むと早期割引プランが設けられている場合が多いです。また、出航直前にキャンセルが発生した部屋のセールが出る場合もあります。

申し込み

Q 割引サービスはありますか？

A 早期申し込み割引サービスや、同じ船会社に複数乗船した場合のリピーター割引などがあります。早期申し込みとは逆に、出航直前のキャンセル分を割引価格で販売することもあります。
その他、旅行会社の特典と組み合わせたりするとお得です。

申し込み

Q クルーズというと、裕福な年配者が参加するイメージなのですが

A 宿泊代と移動代、食事代が含まれた旅行、と考えれば、価格は手頃なのではないでしょうか。子ども連れのファミリーや、若いカップル、女子旅の女性もたくさん乗船していますよ。

申し込み

Q 1人で参加したいのですが

A もちろん1人での乗船もできます。客室は1室2名が基準なので、1名での利用の際は追加料金が必要。1人旅の人が増えてきた影響で最近はシングルルームを用意している船もあるので、チェックしてみてください！

通常の旅行に持っていくもの以外に、クルーズだから必要なものをリストアップしました。個人的にいつも持っていて便利だと思っているものを厳選してお伝えします！寄港地でも買うことはできるので大きな心配はいりませんが、航海中は買い物ができないので、必要なものはあらかじめ用意しておくと安心です。

携帯マグ・水筒

これを使って、ビュッフェのコーヒーを部屋やデッキに持っていったりします。

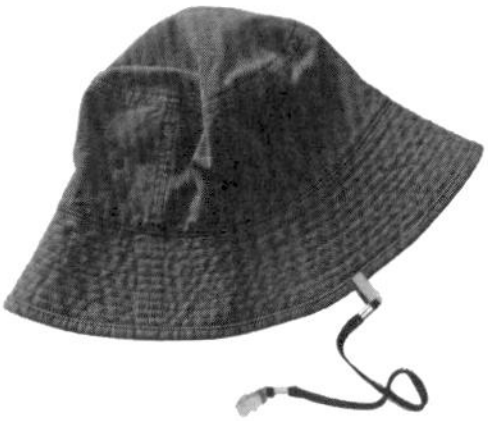

帽子クリップ

デッキの上は想像以上の強風！ 帽子クリップがあると安心。

サンダル

プールサイドにも行けるゴムサンダルを購入。船内歩きにも、もちろん利用しています。

船内活動用バッグ

広い船内歩きのおともに。船内新聞（P56参照）が入る大きさのサブバッグは便利。

英和・和英辞書アプリまたは電子辞書

外国船では特に便利。和英があると言いたいことをクルーに伝える時も安心。私は「ウィズダム英和・和英辞典アプリ」を愛用。会話例も豊富に入っています。

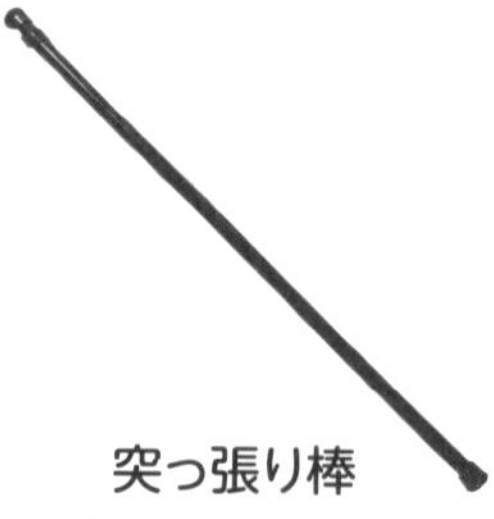

突っ張り棒

マグネットと組み合わせて簡易物干しを室内に作れて便利です。P72参照。

マグネット

フック部分が動くタイプのものが特にオススメ。私は、最低6個は持っていきます。ドアデコ（P96参照）にも使えます。

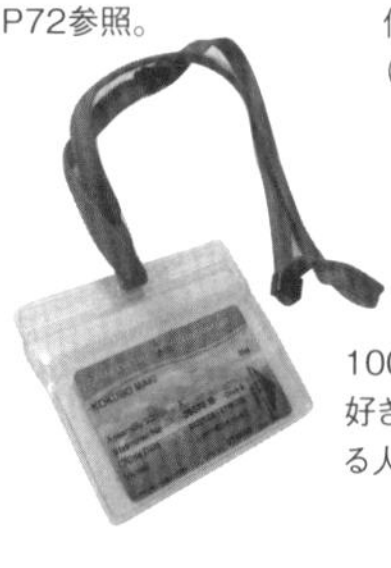

パスケース

100円ショップで買えますが、好きなデザインのものにしている人も。

ストレージバッグ

100円ショップで購入。私は脱いだパジャマなどの衣類をポイッと入れておく一時置き場として利用。そのままハンガーラックの中にしまえば、お部屋スッキリです。

◎…マスト！
○…あったほうがいい
△…なくてもOK

一般的な旅行の持ち物の他に **必要なもの**

アイテム		備考	必要度
衣類	フォーマルウェア・靴	乗船している船のクラスに合わせた服装を準備（P138参照）	◎
	カーディガン	船内は冷房で寒いです！　レストランやシアターなどはとても冷えています	◎
	スポーツウェア・シューズ	船内で運動したい人は持っていくと良い。船内のジムやデッキでのジョギングなど、運動している人はたくさんいます	○
	水着・ゴーグルなど	ジャグジーやプールに入る時に必要。お子さんには浮輪なども	○
	パジャマ	部屋にないことが多いので、持参すると良い	◎
雨具	レインコート	寄港地で雨が降った時にはレインコートのほうが使い勝手が良い	○
	折り畳み傘	レインコートがあれば傘はいらないことも	○
室内で使うもの	スリッパor サンダル	部屋にはスリッパがないことも多いので、あると便利。船内歩きなどにも使える「クロックス」のようなサンダルは、プールに行く時にも使えるので万能	○
	置き時計	特に内側客室の場合は、アナログ時計があると時間の感覚をつかみやすいです	◎
バスルームで使うもの	シャンプー・リンス	船にも備え付けられていますが、ご自身の髪質にあったものを持参すると良い	◎
	洗顔料・ボディシャンプー	石鹸が備え付けられていますが、私は肌にあったものを持参しています	◎
	ヘアブラシ	外国船の場合は備え付けがないことも多いです	◎
その他	本	船内でのんびり過ごしたい方には最適。荷物になるので電子書籍もおすすめ	○
	常備薬	船内に医務室はありますが、保険対象外で高額の料金を請求されますので常備薬は必須。「胃薬」と「酔い止め」（レセプションにあることも）は持っていくと安心	◎
	蛍光ペン・筆記用具	船内新聞（P56参照）で気になるイベントをチェックします。消せるものがおすすめ	◎
	サブバッグ	下船日の前日にスーツケースを船に預けてしまうので、翌日分の必要な荷物を入れるバッグが必要	◎
	サイリウム（光る棒）	コンサートで使うような使い捨ての光る棒。出港する時に使うと、港でお見送りをしてくれる方々によく見えるので、手を振ってもらえたりして嬉しい	△
	クレジットカード	クルーズカードを登録しておくと船内はキャッシュレスとなり、大変便利	◎
	身分証明書のコピー（パスポート）	寄港地で船外に出たあと、船内に戻る時にパスポートのコピーを見せることを求められることがあります。万が一の時のためにも予め準備することをおすすめします	◎
	パスポート	日本発着でも外国船に乗船する時や、外国に寄港する時には必須です	◎
日差し対策	日焼け止め	デッキ上は日差しが大変強いので、塗っておかないと肌荒れします	◎
	サングラス	おしゃれにもなりますが、何より直射日光からの目の保護に…	○
	帽子	パラソルなどの日除けがない場所も多いので、必須	◎
洗濯用品	洗濯用洗剤	水着や下着などを洗う時に必要。チューブ入りの洗剤も便利	○
	洗濯袋	折り畳みバケツでも良い。下着などちょっとした物を洗う時に便利	○
	ハンガー	100円ショップのものでOK。ハンガーが足りない時や洗濯物を干す時に使えます	○
	小さいピンチ付きハンガー	100円ショップで売っているものでOK。靴下や下着を干すのに便利	△
デジタル機器	デジカメなどの充電機	電池切れで写真が撮れなかったなどの悲劇がないように…	◎
食品	フリーズドライの味噌汁・お茶のティーバッグ	外国船の場合、船内の食事に飽きてしまう人も。船内にお湯はあります	△
	飴	船内は乾燥しているので、のど飴や梅肉飴などをいつも持参しています	△
	ミネラルウォーター	冷蔵庫があるので、500mlのものを何本か買って冷やしておくと良い。寄港地でも調達できるので、乗船時に必要な分だけ持ち込むのがオススメ	◎
子どもがいる場合	ミルク・ベビーフード	船内で買えないので注意	○
	ウェットティッシュ	子どもがいる時にはマスト！	◎
	おむつを入れるビニール袋	臭いが出るので、ビニール袋に入れてからトイレのゴミ箱に捨てます	○
	子ども用お菓子	船内のビュッフェには、ケーキや果物など子どもが食べられる甘いものがあるので、私はおしゃぶり昆布やおせんべいを持っていきました	○
	小さいスプーン・フォーク・お箸	子ども用のいすは用意されていますが、小さいサイズのスプーン・フォーク・お箸はありません。ヌードルカッターも便利でした	○
船内で買えないもの	おむつ・おしりふき・生理用品	船内で購入できないことがほとんど。必要な方は持っていった方が安心	○

意外とよく聞かれるコト
クルーズのドレスコードについて教えてほしいんだけど…
仮面ってどこで買ってらっしゃる?
こういうの
カメン…?
ヒソヒソ…
大丈夫!
心配いりません!!
私も仮面持ってないし!
だよねー
ホッ

ドレスコードについて
子どもだってオシャレします

ドレスコードとは?

非日常空間であるクルーズ船内を乗客全員で彩るため、夕方以降の服装を規定するのが「ドレスコード」です。ドレスコードは、主に「フォーマル」「インフォーマル 「カジュアル」の3種類に分かれています。乗船中は常に盛装しているわけではないので、それほど悩まなくても大丈夫! 堅苦しく考えず、おしゃれを思い切り楽しめる場として考えましょう。

Q フォーマルの日はクルーズの期間中どのくらいありますか?

A 1週間のクルーズでしたら、目安としてフォーマルは2回程度です。

Q 日中もドレスでいる必要がありますか?

A ドレスコードが指定されるのは夕方以降のみです。

Q フォーマルとインフォーマル違いはなんですか?

A フォーマルは結婚式に招待された時の「正装」。インフォーマルはおしゃれなレストランでお食事する時、くらいの目安で考えるとわかりやすいかもしれません。

Q カジュアルの日はどんな格好でも大丈夫ですか?

A 夕方以降のドレスコードがカジュアルの場合は日中と同じスタイルで問題ありませんが、男性の半ズボンやサンダルではレストランに入場できないこともあります。

クルーズでのドレスコード

船会社によってドレスコードの目安は変わります。例えば、「フォーマル」でも、ラグジュアリー船の場合は「タキシード」着用率が高くなります。一般的に「インフォーマル」といわれるスタイルが、カジュアル船の「フォーマル」に相当します。

フォーマル

結婚式の披露宴での正装イメージ。男性はダークスーツやタキシード。女性はイブニングドレス。

インフォーマル

おしゃれなレストランに出かけるイメージで。いつもよりちょっと格式高い雰囲気を。

カジュアル

男性はTシャツ・短パン・サンダルを避ける。女性も街に出かけるくらいのイメージならOK。

おしゃれを楽しめる非日常空間!

パルリは和装に見える袴ドレスを着用。実は洋服なので着付け不要。

荷物にならないワンピース。胸元や袖にビジューが付いていて華やかなものです。

子どももフォーマル着用の対象となります。スーツやドレスも通販で安く買えますよ。

和装は日本の誇るパーフェクトなフォーマルウェアです。

知っていると便利な クルーズ用語集

アトリウム
Atrium
ホテルのロビーにあたる部分のこと。イベントなどが行われることも多い。レセプションデスクやエクスカーションデスクなどがある

ボートドリル
Boat Drill
避難訓練のこと。乗客は乗船後必ず避難訓練に参加しなくてはならない

ブリッジ
Bridge
操舵室。船長や船員がここで船の操作をしている

キャビン
Cabin
客室のこと

カボタージュ
Cabotage
自国内のみの輸送ができるのは自国籍船のみというルール。このため外国船の日本発着クルーズは、必ず外国の港を経由する必要がある

クルーズカード
Cruise Card
氏名・顔写真などの個人情報が含まれるIDカード。乗船時の身分証明になるのに加えて、客室のカードキーになっている。さらにクレジットカードを登録して船内の飲食や買い物に利用できる

クルーズディレクター
Cruise Director
船内で行われるエンターテインメントイベントの責任者。ショータイムや船内イベントの時に登場することが多い

デイリープログラム
Daily Program
船内新聞のこと。各客室に届けられ、翌日のイベントスケジュールなど船内での生活に必要な情報が記載されている

フィンスタビライザー
Fin Stabilizer
クルーズ船に搭載されている横揺れ防止装置。船体が平行を保つようになっているため、大きな揺れを防止できる

ファンネル
Funnel
船の煙突のこと。ファンネルには各クルーズ会社のマークが付けられている

ガラパーティ
Gala Party
特別なパーティ。出港後や、最終日近くにガラ・パーティが行われ、シャンパンが振る舞われたりする。ディナーもスペシャルメニューになることが多い

ギャレー
Galley
船内の調理室

ギャングウェイ
Gangway
寄港地で乗下船の際に使われるタラップ

メインダイニング
Main Dining
主食堂。クルーズ料金に含まれる食事はメインダイニングで供される。メインダイニング以外に用意されているレストランは有料であることが多く、「サブレストラン」と呼ばれている

オンボードクレジット
Onboard Credit
船内のみで利用できるお金。特典などでクルーズカードに付与されることがある

オーバーナイトステイ
Overnight Stay
寄港地で船が1泊以上停泊すること。寄港地で夕食を食べたり、夜中まで飲みに行ったりすることも可能！

レセプション
Reception Desk
ホテルのフロントにあたる場所。常にクルーが待機しているので、なにか困ったことがあったら連絡すると諸手配を行ってくれる

セイルアウェイパーティ
Sailaway Party
出港時に行われるパーティ。アトリウムなどで船長も交えて行われることが多い

ショア・エクスカーション
Shore Excursion
寄港地ツアー。クルーズ会社が主催しているが、日本からのツアー客が多い場合は日本の旅行代理店が企画するツアーもある

スキッピングポート
Skipping Port
抜港のこと。天候などの理由により、予定されていた場所への寄港を取りやめることを指す

サブレストラン
Sub Restaurant
メインダイニング以外に用意されているレストラン。メインダイニングは無料だが、サブレストランは有料であることがほとんど。イタリアン・和食・アジアンなど各国料理が用意されている

テンダーボート
Tender Boat
港が小さくてクルーズ船が入港できない場合、上陸用に利用する小型船

トゥーシーティング
Two Seating
メインダイニングでの食事を2回に分けること。第1部はファーストシーティング、第2部はセカンドシーティングと呼ばれている

私のクルーズ日記

本編で紹介した5隻のほか、
私が乗船した船を紹介します。
いずれの船も
外国船籍のカジュアル船です。

イタリアの大型蒸気客船の面影が残る
上質空間に身をゆだねて

大型船

コスタ フォーチュナ

Costa Fortuna

くぼmemo

過去の偉大なイタリア船をモチーフにしたオブジェなどが多数あって、目で見ても楽しめる豪華な大型船です。船内は英語かイタリア語が中心のため、添乗員付きツアーか日本人コーディネーター乗船時を狙うと安心。

料金	★★★☆☆
日程	★★★☆☆
航路の魅力	★★★★★
巨大度	★★★★★
カジュアル度	★★★★★
食事	★★★☆☆
日本語	★★☆☆☆

SHIP DATA

全長	272m
全幅	35.5m
客室数	1358室
総トン数	10万3000トン
乗客定員	3470名
乗組員数	1027名
船籍	イタリア
船会社	コスタクルーズ

優雅なヨーロッパリゾートを
リーズナブルに体感

MSC スプレンディダ

MSC Splendida

大型船

SHIP DATA

全長	333m
全幅	38m
客室数	1637室
総トン数	13万7936トン
乗客定員	4363名
乗組員数	1370名
船籍	パナマ
船会社	MSCクルーズ

くぼmemo

リーズナブルな価格で豪華な巨大客船の世界を楽しめる船です。内装は豪華で多彩な施設が用意されており、さながら動く高級リゾートホテルのよう。子ども専用の施設やイベントも多数あり、親子や3世代で乗船するのもおすすめです！

料金	★★★★☆
日程	★★★☆☆
航路の魅力	★★★★☆
巨大度	★★★★★
カジュアル度	★★★★★
食事	★★★☆☆
日本語	★★★☆☆

クルーズの王道、人気のエーゲ海や
カリブ海をリーズナブルに満喫

中型船

コスタ ビクトリア

Costa Victoria

くぼmemo

リーズナブルな価格で楽しめる中型船です。かつて日本発着クルーズを運行していましたが、現在はエーゲ海やアジアなど様々な海域を運行中。船内が広すぎないので、レストランなどへの導線が良いのが◎。

料金	★★★★★
日程	★★★☆☆
航路の魅力	★★★★☆
巨大度	★★★☆☆
カジュアル度	★★★★★
食事	★★★☆☆
日本語	★★☆☆☆

SHIP DATA

全長	252.9m
全幅	32.2m
客室数	964室
総トン数	7万5000トン
乗客定員	2394名
乗組員数	790名
船籍	イタリア
船会社	コスタクルーズ

テーマパークのような巨大客船は、
はじめてのフライ&クルーズにもぴったり 大型船

ボイジャー・オブ・ザ・シーズ

Voyager of the seas

くぼmemo

リーズナブルな価格で豪華な巨大客船の魅力を体験できるクルーズ船。船内の目抜き通り「ロイヤルプロムナード」は本物の街さながらの賑わいです。かつては日本発着クルーズを行っていましたが、現在はシンガポール発着を中心にショートクルーズを航行中！

料金	★★★★★
日程	★★★★☆
航路の魅力	★★★★☆
巨大度	★★★★★
カジュアル度	★★★★★
食事	★★★☆☆
日本語	★★☆☆☆

SHIP DATA

全長	310m
全幅	48m
客室数	1557室
総トン数	13万8000トン
乗客定員	3114名
乗組員数	1181名
船籍	バハマ
船会社	ロイヤル・カリビアン・インターナショナル

SHIP DATA

全長	264m
全幅	32m
客室数	900室
総トン数	7万トン
乗客定員	1804名
乗組員数	723名
船籍	バハマ
船会社	ロイヤル・カリビアン・インターナショナル

ガラスを多用し、明るい船内が
多くの人に愛される客船

レジェンド・オブ・ザ・シーズ

中型船

Legend of the seas

くぼmemo

リーズナブルな価格で手軽に乗船できる中型船です。かつては日本発着クルーズを運行していたが、現在は、2016年にイギリスのトムソンクルーズに売却され、「TUIディスカバリー2」という名称に変わり地中海などを運行中。

料金	★★★★★
日程	★★★☆☆
航路の魅力	★★★★☆
巨大度	★★★☆☆
カジュアル度	★★★★★
食事	★★★☆☆
日本語	★★★☆☆

おトクに楽しむ豪華客船の旅
クルーズ、ハマりました！

2019年4月15日　初版印刷
2019年5月1日　初版発行

著　者　くぼ こまき
発行人　宇野尊夫
発行所　JTBパブリッシング
印刷所　大日本印刷

装丁・本文デザイン　福田明日実（yd）
編集・制作　JTBパブリッシング　時刻情報・MD事業部（櫻井昌子）
編集協力　西村海香

図書のご注文は　JTBパブリッシング　出版販売部直販課　☎03-6888-7893

本書内容についての
お問合せは　JTBパブリッシング
時刻情報・MD事業部　☎03-6888-7846
〒162-8446 東京都新宿区払方町25-5
https://jtbpublishing.co.jp/

194602
Printed in Japan 807560
ISBN978-4-533-13303-9 C0095

○本書の情報は2019年2月現在のものです。
○著者の旅の時期によって、船や航路、為替、各種税率、現地情報などが現在と変更になっている場合がありますが、実際に体験した当時の内容で掲載しておりますので、ご了承ください。
○各船の「くぼMEMO」でご紹介している「カジュアル度」については堅苦しさがなく、普段通りのスタイルでゆったりと過ごせる度合について、著者の考えを記載しています。
○各種データを含めた記載内容の正確さは万全を期しておりますが、お出かけの際には、旅行会社等で事前に確認されることをお勧めいたします。
なお、本書に記載された内容による損害などは、弊社では補償いたしかねますので、あらかじめご了承ください。
○本書の編集にあたり、関係各位に多大なご協力を賜りました。厚く御礼申し上げます。

単行本
807560